5분 작가

THE FIVE MINUTE WRITER
© Margret Geraghty 2009

All rights reserved.
Korean translation copyright © 2013 by JoongAng Books, THE FIVE MINUTE WRITER.
First published in the UK by How To Books,
an imprint of Constable & Robinson Ltd, London, 2009.
Korean translation rights are arranged with Constable & Robinson Ltd via
PubHub Literary Agency.

이 책의 한국어판 저작권은 PubHub 에이전시를 통한 저작권자와의 독점 계약으로 중앙북스에 있습니다. 저작권법에 의해 한국 내에서 보호를 받는 저작물이므로 무단 전재와 무단 복제를 금합니다.

작가를 꿈꾸는 당신을 위한 **하루 5분 글쓰기 습관**

5분 작가

마그레트 제라티 지음 | 이경희 옮김

프롤로그

1일 5분, 작가 데뷔를 위한 최고의 습관

나는 내가 진행하는 '창의적 글쓰기 수업'의 학생들에게 새롭고도 흥미로운 글쓰기 훈련법을 제시하고자 《5분 작가》를 쓰기 시작했다. 그중 20여 년간 작가 양성 교육과정을 운영해오면서 소설과 다른 분야, 특히 소설과 심리학의 연관성에 큰 관심이 있었는데 이 책은 이 부분을 깊이 있게 다루었다. 사실 심리학은 '아이디어는 어디에서 나오는 것일까? 소설은 어떻게 처음부터 쉼 없이 플롯을 이어갈까? 창의적으로 사고하는 법을 익힐 수 있을까?'와 같은 문제에 대해 해답을 제시할 수 있을 것이다.

심리학과 소설 모두 인간의 마음을 탐구한다는 사실을 알게 된 이후 나는 심리학을 새롭게 전공하면서 두 분야의 연관성을 찾아내기 시작했다. 놀랍게도 이는 효과가 있었다.

카를 구스타프 융의 이론들을 통해 소설의 전형적인 특징에 관해 깊이 이해할 수 있었고 인지 심리학을 통해 뇌의 기능을 파악했으며 창의적인 천재의 사고 과정을 모형화하는 것이 정말 가능한지를 이해할 수 있었다. 솔직히 말하자면 세상 누구라도 천재가 될 수 있는 것은 아니다. 우리가 할 수 있는 것은 창의성을 키우는 데 필요한 사고를 훈련하는 일이다. 그런데 놀랍게도 그렇게 할 수 있는 훈련법을 알아냈다.

나는 초보 작가들을 괴롭히는 많은 문제점들에 대한 해결책을 찾고 있었다. 예를 들어 독자의 감정을 끌어내기 위해 적절한 단어를 찾아내는 것이 매우 어려운 이유는 뇌의 영역에서 감정을 느끼고 있기 때문이라는 사실을 알아냈다.

일반적으로 우리는 감정을 논리적으로 설명하지 못한다. 그냥 느끼기만 한다. 애써 말로 표현하려는 것은 다른 사람에게 감정을 전달하려고 노력할 때뿐이다. 그래서 이런 감정을 전달하기 위해 우리는 두근거리는 가슴, 땀에 젖은 손바닥 등

신체적인 증상으로 표현하게 된다.

더불어 언어학, 예술, 영화, 광고 등을 비롯해 풍부한 아이디어의 원천이 되는 분야들로 연구 범위를 넓혔다. 그리고 예상치 못한 곳에서 놀라운 사실을 발견했다. 바로 마음에 들지 않는 등장인물을 다루는 방법을 델타항공의 승무원 교육법에 관한 사회학적 연구에서 발견했던 것이다.

《5분 작가》는 그동안 연구를 통해 얻은 결실이 고스란히 담겨 있다. 그리고 작가를 꿈꾸거나 글 잘 쓰고 싶어 하는 여러분이 잠시 잠깐 시간을 내더라도 충분히 글을 쓸 수 있는 다양한 방법을 제시해 두었다.

각 장은 글쓰기 관련 이야기들과 5분 글쓰기 연습으로 이루어져 있다. 글쓰기 연습에 하루 5분씩 투자한다는 것은 잠재성을 끌어내고 습관을 들이는 데 가장 효과적인 방법 중 하나이다.

요컨대, 이 책은 다음 사항에 도움이 될 것이다.

- 개인적인 기억들로 이루어진 내적 자아에 접근하기
- 글쓰기 습관들이기

- 소설의 특성을 문화적인 산물로 이해하기
- 삶을 아이디어의 무궁무진한 원천으로 인식하기
- 창의적으로 사고하기
- 고정관념에서 벗어나기
- 글 쓰는 데 불필요한 장애물 제거하기

글쓰기 여정을 떠나는 유쾌한 마음으로 《5분 작가》를 펴낸 만큼 여러분도 이 책을 즐겁게 활용하면서 글쓰기의 매력에 푹 빠져보기를 바란다. 자, 이제 첫 장을 넘김과 동시에 작가로서의 여정을 시작해보자.

― 마그레트 제라티

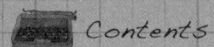 Contents

프롤로그 1일 5분, 작가 데뷔를 위한 최고의 습관 • 4

01 의식, 소설을 이해하는 또 하나의 도구 • 13
02 당장 목록부터 작성하라 • 18
03 운동장에서 술래잡기하기 • 21
04 101가지 사용법의 힘 • 26
05 내게 행복을 주는 글쓰기 • 32
06 글을 쓸 시간이 없다고? • 36
07 아이의 시선으로 바라보기 • 42
08 영혼을 감동시키는 합당한 이유 • 48
09 등장인물을 운명의 설계자로 만들어라 • 52
10 굿바이, 진부한 표현 • 58
11 1분에 한 문장씩 • 62
12 멋진 이름 정하기 • 67
13 상상력을 발휘하라 • 72
14 불완전한 문장 메우기 • 77
15 시간은 창의적으로 흐르고 • 81

16 한 줄을 풍성하게 만드는 경험 • 87

17 마지막 행 먼저 쓰기 • 91

18 ~라면 어떻게 될까? • 95

19 내게 돈을 줘 • 101

20 색상 표현하기 • 108

21 감정을 이끌어내는 그곳 • 113

22 배경이 탄탄해야 한다 • 120

23 그들의 기분을 읽어라 • 122

24 기회를 꽉 잡아라 • 127

25 두 얼굴의 인물 창조하기 • 132

26 작은 변화로 삶을 바꾸어라 • 135

27 껍질을 깨고 나오라 • 139

28 전화 거신 분은 누구세요? • 146

29 500단어로 채운 이야기 • 151

30 최악의 순간을 맞았을 때 • 154

31 시점 이해하기 • **157**

32 인물 재구성하기 • **163**

33 거짓 눈물은 안 돼 • **170**

34 연쇄 방식 이야기 • **178**

35 삶이라는 이름의 카페 • **184**

36 성격을 드러내는 것들 • **188**

37 공감각이란 무엇인가? • **191**

 38 선택과 결과 • **197**

39 무엇에 관심이 있는가? • **203**

40 세상에서 가장 아름다운 말 • **206**

41 불쾌한 말, 불쾌한 느낌 • **208**

42 시선을 사로잡는 도입부 • **210**

43 제목으로 글쓰기 • **215**

44 시각적 대화 • **220**

45 5분 만에 쓸 수 있다 • **225**

46 만족스러운 결말도 한 걸음부터 • 232

47 부실한 등장인물을 살찌우는 방법 • 236

48 꿈과 이상은 주소로부터 • 242

49 이것은 어떤 느낌일까? • 246

50 음식에 관한 나만의 추억 • 250

51 그래서 무슨 일을 하세요? • 255

52 우리는 모두 한 시스템에 속한다 • 260

53 정말 무엇을 원하는가? • 265

54 반대말이 의미를 만들어낸다 • 268

55 갑작스러운 깨달음의 시대 • 275

56 공간의 의미 • 280

57 결정, 또 결정 • 284

The
five-
minute
writer

01

의식, 소설을 이해하는 또 하나의 도구

나는 저녁 영업을 하려고 막 문을 연 바가 좋아. 안의 공기는 아직 시원하고 깨끗하며 모든 것이 반짝거리고, 바텐더는 막 거울에 자기 모습을 마지막으로 비춰보며 넥타이가 똑바로 됐나 머리가 단정한가 점검하고 나오는 참이지. 바의 뒤에 가지런히 놓여 있는 병도 좋고 아름답게 반짝이는 유리잔이나 기대감도 좋아. 바텐더가 그날 저녁의 첫 잔을 만들어 빳빳한 받침 위에 내려놓고 작게 접은 냅킨을 옆에 놓아두는 모습도 좋지. 술을 천천히 음미하는 것도 좋아. 조용한 바에서 조용하게 그날 저녁의 첫 잔을 마신다는 건 정말 근사한 일이야.

― 레이먼드 챈들러, 《기나긴 이별 The Long Goodbye》

언뜻 보기에 이 글은 이상하리만큼 특별한 점 없이 평범하게 묘사되어 있다. 사실 레이먼드 챈들러의 소설은 능수능란한 말솜씨와 사건 전개의 빠른 묘사로 걸작이라 알려져 있는데 말이다. 이 글은 왜 이렇게 평범하게 묘사된 것일까? 어찌된 영문일까?

독특하게도 이 글은 의식ritual을 나타내고 있다. 즉 소설을 이해하는 데 의식이 얼마나 중요한가를 드러내고 있다고 이해해도 무방하다.

의식이라 하면 흔히 종교나 축제 등이 떠오르지만 특정한 방식으로 행하는 모든 것을 의미할 수도 있다. 미국의 시장조사 기관들에 따르면 사람들이 흔히 좋아하는 그릇과 스푼을 사용해 밤늦게 아이스크림을 먹는 것에도 의식적인 의미가 담겨 있다고 한다. 10대 여자아이가 머리를 하루에 100번 빗어도 의식이라 할 수 있다. 특별한 의미가 담긴 고급 에스프레소 머신으로 매일 커피를 내려 마신다면 이것도 하나의 의식이 된다.

의식은 우리 삶에 체계를 더해준다. 어떤 의식은 우리에게 즐거움을 주는데 그 즐거움에는 기대감도 들어 있다.

앞서 소개한 챈들러의 소설 발췌문에서 화자가 그날 저녁의 첫 잔을 천천히 음미하면서 즐거움을 만끽하는 상황을 얼마나 좋아하는지에 주목해보자. 또한 시원한 공기, 반짝이는 유리잔, 빳빳한 받침대, 조용한 바 등 감각적인 세부 묘사들도 모두 떠올려보자. 그런 세부 묘사들은 분위기를 더하고 즐거움을 함께 느끼게 한다. 결국 의식은 편안함과 안정성이라는 장점을 제공한다고 할 수 있다.

광고회사들은 이런 현상을 활용해 사람의 마음을 끌어당겨 제품이 잘 팔릴 수 있도록 한다. 예를 들어 한 자동차 광고에서는 함께 이용하는 자동차에 남자와 여자의 서로 다른 태도를 접목시켰다. 광고에 등장하는 여자는 깔끔한 자동차를 선호한다. 그래서 자동차의 시동을 걸기 전에 카세트데크에 꽂혀 있는 테이프를 빼내고 차 안에 먹다 남긴 사탕 봉지를 앞좌석 사물함에 집어넣는다.

반면 이를 지켜보던 남자는 여자가 빼놓은 테이프를 도로 카세트데크에 꽂아두고 자신이 먹던 사탕 봉지를 찾아내어 입에 하나를 넣고는 미소를 짓는다. 두 사람의 서로 다른 태도가 바로 의식이다.

이와 유사한 방식으로 작가들은 소설의 허구 세계와 독자를 연결시키거나 그 사이에 다리를 놓으려고 의식적인 행동을 활용한다. 《기나긴 이별》에서 또 다른 글을 살펴보자.

> 내가 물어보았더라면 그는 자신이 살아온 이야기를 해주었을 거야. 하지만 나는 어쩌다가 그의 얼굴이 다쳤는지 물어본 적도 없었어. 내가 물어보고 그가 말해주었더라면 어쩌면 두 사람의 목숨을 구했을지도 몰라. 하지만 그건 어디까지나 가정일 뿐이지.

이 부분은 독자들이 거의 경험을 하지 못한 내용이다. 하지만 우리는 보통 바에 들어가 첫 잔을 마시는 즐거움을 경험한 적이 있다. 소설이더라도 그런 장면은 사실성을 그대로 나타낸다. 그래서 누구든지 그런 장면에 공감할 수 있다. 결과적으로 그런 사실성은 책 전체에 그대로 전달된다.

5분 글쓰기 연습

자기 삶의 의식과 의식적인 행동에 관해 생각해보라. 규칙적인 일상이나 반복된 행동과 관련된 것이라면 무엇이든 의식이 될 수 있다. 여러분의 아이디어에 시동을 걸 수 있는 창의적인 탐색으로 시작해보는 것은 어떨까?

그 다음, 자신이 선택한 의식에 관한 글을 5분 동안 써볼 것. 독자에게 가장 효과적으로 전달하는 방법은 간단하면서도 생생하게 쓰는 것임을 명심해야 한다. 작가의 특정한 의식을 반드시 알아야 하는 것은 아니지만 그 의식에 공감할 수는 있어야 한다.

02

당장 목록부터 작성하라

　주전자의 물이 끓을 때까지, 꽉 막힌 도로의 정체가 풀릴 때까지, 기차가 도착할 때까지, 게임을 시작할 때까지 등 무엇인가를 기다리면서 무심코 낭비해버린 시간들을 모두 떠올려보라. 그리고 치과나 안과 의사들, 슈퍼마켓 계산대 점원, 우체국 직원, 웨이터나 웨이트리스, 아이들 그리고 선생님 등 사람의 경우는 어떤가? 이런 사람들 때문에 기다리면서 날린 시간도 있을 것이다.
　이처럼 기다리며 보내는 시간을 개별로 따져보면 그리 길지 않겠지만 이를 모두 더해보면 낭비하는 시간이 얼마나 많은지 알고서 깜짝 놀랄 것이다. 다음번 글을 쓸 때는 기다리면서 보내는 시간을 인식하며 이를 목록으로 작성해보라. 이는 쇼핑 목록이 아니라 의미 있는 단어와 사고 등 글을 쓰기 위한 촉매 역할로 활용할 목록을 지칭한다.

하루의 틈새를 잘 메워주는 것이 목록의 장점인 만큼 이 책의 '5분 글쓰기 연습' 코너마다 이러한 목록을 활용하게 될 것이다. 그러다 보면 무심코 낭비했던 시간들을 잘 활용할 수 있다.

5분 글쓰기 연습

다음에 제시한 몇 가지 아이디어를 기준으로 목록을 만들어보라.

- 싫거나 짜증나는 것들은 무엇인가?
- 집에 불이 나면 무엇을 들고 나올 것인가?
- 나의 긍정적인 면은 무엇인가?
- 어린 시절 즐겨 읽던 책은 무엇인가?
- 나의 소원을 열거해보라.
- 도저히 용서할 수 없는 일들을 열거해보라.

- 걱정거리를 열거해보라.
- 다루고 싶지 않은 감정들을 열거해보라.
- 일몰 광경을 비유적으로 표현해보라.
- 지금까지 받은 것 중 가장 좋은 선물은 무엇인가?
- 나에게 특별한 의미가 있는 향기들을 열거해보라.
- 한 번도 입은 적이 없는 옷들을 열거해보라.
- 존경하는 사람은 누구인가?
- 상금으로 100만 파운드를 받는다면 무엇을 할 것인가?
- 자신을 변화시킬 수 있는 일들은 무엇인가?

03
:

운동장에서 술래잡기하기

위의 그림을 한 번 살펴보라. 무엇이 보이는가? 별로 볼 것이 없는가? 사실, 이 그림은 1962년 게첼스와 잭슨이 진행한

창의성과 지성에 관한 심리 실험에서 사용한 종이 한 장을 복사한 것일 뿐이다. 실험 참가자였던 아이들은 모두 '운동장에서 술래잡기하기'라는 제목의 그림을 그리도록 요청받았다. 아이들은 대부분 그림에 많은 세부사항을 채워 넣었다. 학교 건물을 그려 넣고 거기에 명칭도 붙였다.

그런데 한 아이가 제목을 '눈보라 치는 날에 운동장에서 술래잡기하기'라고만 바꾸어 놓고 백지 한 장을 그대로 제출한 것이다. 그것이 바로 위의 그림이었다.

실험자들은 그 아이가 전형적인 방식을 따라 과제를 완성한 아이들보다 더욱 창의적인 사고력을 갖고 있다고 생각했다. 아이의 예술적 가능성을 위해 기꺼이 투자할 사람이 있느냐는 다른 문제였다. 하지만 한 가지 사실만은 분명하다. 고정관념에서 벗어난 그 아이는 특정 세부사항에 구애받지 않고 과제를 충족시키는 뭔가를 만들어내는 능력을 입증했다는 점이다.

작가들도 늘 정형화된 틀에서 벗어나려고 애쓴다. 이에 대한 적절한 예시로 조셉 캠벨은 《천의 얼굴을 가진 영웅 The Hero with a Thousand Faces》에 이렇게 썼다.

최신 오이디푸스의 화신이자 미녀와 야수의 계속되는 로맨스가 오늘 오후 뉴욕의 42번가와 50번가가 만나는 모퉁이에 서서 신호등이 바뀌기만을 기다리고 있다.

새로운 이야기를 만들어내고 싶다면 해결책은 무엇일까? 사실 창의적인 제품은 창의적인 사고에서 비롯된다. 다행스럽게도 우리는 사고하는 데 있어서 창의적으로 생각하도록 스스로를 훈련시킬 수 있다.

그런데 창의적인 사람들이 지니는 특성에 관한 한 연구에서 창의성이란 유창성, 융통성, 독창성 등을 포함한 여러 속성을 모두 결합하고 있다고 밝힌 바 있다. 즉 창의성은 한 가지 속성으로만 설명할 수 없다는 뜻이다.

이를 위하여 이 책에는 이런 창의성의 여러 속성을 습득하기 위한 글쓰기 연습 코너를 많이 마련해 두었으므로 이를 규칙적으로 연습한다면 큰 효과를 거둘 수 있다.

자, 지금부터는 독창성에 주목해보자. 독창성은 통계상으로 흔치 않은 아이디어를 생각해내는 능력이라 할 수 있다. 말하기는 쉬운데 행동하기는 어려운가? 다행스럽게도 여러분은 독창성을 충분히 키울 수 있다.

심리학자들은 정기적으로 독창적인 아이디어를 생각해내는 사람들이 '원격 연상remote association'에 능숙하다는 사실을 알아냈다. 원격 연상이란 서로 연관성이 전혀 없어 보이는 것들이나 시간 및 공간 차원에서 서로 멀리 떨어져 있는 것들 사이에서 관련성을 만들어내는 능력을 의미한다.

그런데 원격 연상은 은유의 형식을 차용하는 창작보다 다소 아래의 사고 과정이다. 예를 들어 '아침에 뜬 초승달이 프라이팬 위 라드(녹인 돼지고기 지방)처럼 희미해져간다'라는 구절은 시인 크레이그 레인이 초승달과 라드의 원격 연상을 만들어낸 표현이다. 다음 글쓰기 연습에서는 여러분이 직접 몇 가지 원격 연상을 시도해볼 수 있다.

5분 글쓰기 연습

구상명사具象名詞들의 목록을 만들어라. 이는 구체적으로 눈에 보이는 것들을 말한다. 물고기, 나무, 불, 빛 등이 모두 구상명사이다. 부유함, 배고픔, 실망 등은 여기에 속하지 않는다. 이제 삶, 현실 등과 같은 추상명사를 골라 구상명사와 원격 연상으로 만들어본다. 삶을 어떤 식으로 구상명사로 비유할 수 있는지 생각해보라. 다음과 같은 식으로 비유를 해본다.

삶은 마치 …와 같다.

예를 들어 목록 가운데 손수건이라는 단어가 있다면 이렇게 생각해볼 수 있다.

삶은 마치 낡은 손수건과 같다. 손수건은 풀을 먹인 후 알록달록한 포장지에 싸여 새롭게 태어나지만 포장지를 제거하면 보기보다 가치가 있어 보이지 않는다. 게다가 시간이 지날수록 손수건은 얇아지고 흐물흐물해진다. 하지만 잘 빨아서 다시금 풀을 먹이면 새것처럼 좋아진다.

이 글을 쓴 사람은 창의성을 고려하지는 않았지만 하나의 진리를 생각해냈다. 삶을 활용하여 글쓰기 연습을 했다면 분노, 행복, 부유함 등 다른 추상명사들도 활용해보라.

04

101가지 사용법의 힘

　여러분은 신부 들러리의 옷부터 낡은 경작용 트랙터에 이르기까지 세상 모든 것을 위한 101가지 사용법을 담은 얇고 재미있는 책들을 서점에서 본 적이 있을 것이다. 누가 이런 책을 시작했는지는 모르지만 그중 가장 오래된 책은 1982년 출간된 필립 스코필드의 《스티키 위켓: 크리켓 초보자를 위한 101가지 사용법Sticky Wicket: Almost 101 Uses for a Dead Cricket Bat》이다.

　게다가 만화가 사이먼 본드가 집필한 《죽은 고양이 사용설명서101 Uses for a Dead Cat》는 베스트셀러이다. 전작의 성공에 힘입어 《죽은 고양이 사용설명서 101가지 이상101 More Uses for a Dead

Cat》을 비롯해 20년 동안 다양한 옴니버스 판이 출간됐다.

나는 이 책이 사회에 대해 어떤 유머 감각을 표현하고자 하는지 정확히 알 수는 없지만 – 살아 있거나 죽은 또는 무생물의 –101가지 사용법이라고 생각해내는 발상은 분명 작가의 놀라운 창의적인 사고를 드러냈다고 할 수 있다. 이는 지극히 자연스러운 융통성을 나타낸다.

융통성은 여러 종류의 아이디어에 대해 생각하는 것을 의미한다. 융통성이 있으면 한 범주의 아이디어에서 다른 범주로 뛰어오를 수 있는 사고가 생길 수 있고 그로 인해 생긴 아이디어들은 대부분 기발하고 신선할 것이다.

익숙한 주제에 대해 새로운 관점을 찾거나 상투적인 줄거리를 기발하게 바꾸려는 아이디어를 찾는 작가에게 융통성은 반드시 필요하다. 융통성이 없다면 더없이 졸리기만 한 진부한 길을 걸어가고 있음을 깨닫게 될 것이다.

하지만 융통성을 쉽게 발휘하는 사람이 존재하는 반면 그렇지 못한 사람도 있는 이유는 무엇일까? 여기에는 교육, 환경, 문화가 모두 연관되어 있다.

어린아이들은 대부분 종이상자를 성채로, 바나나를 가짜

전화기로 상상하곤 한다. 물론 이러한 상상력에는 아무런 문제가 없다. 아이들에게 세상은 여전히 새롭기 때문에 계속해서 배우고 있을 따름이다.

하지만 우리는 나이가 들면서 더 많은 지식을 습득함과 동시에 그 지식 때문에 제한을 받게 된다. 심리학자 칼 던커는 익숙한 것을 새로운 방식이나 다른 맥락에서 사용함으로써 미처 생각하지 못하는 사고방식을 설명하기 위해 '기능적 고착functional fixedness'이라는 용어를 처음 사용했다.

그는 압정이 든 상자, 양초, 성냥을 이용하는 한 실험에서 이를 입증했다. 실험 참가자들은 촛농을 아래에 있는 탁자로 떨어뜨리지 않으면서 양초를 벽에 붙이라는 요청을 받았다.

실험 결과는 흥미로웠다. 압정과 상자가 각각 개별 항목으로 제시되자 참가자들은 압정이 상자 안에 들어 있을 때보다 더 빨리 해결책을 찾아냈던 것이다. 즉 빈 상자를 압정으로 벽에 고정시킨 다음 촛농을 받칠 수 있도록 상자 안에 양초를 세우는 것이었다.

던커는 참가자들이 상자를 압정을 담아두는 용기라고만 '집착'했기 때문에 해결책을 쉽게 찾아내지 못한 것이라고 주장했다. "상자 안에 물체가 들어 있다는 생각 때문에 참가자들은 상자의 기능을 용기로만 생각했고 따라서 상자의 기능을 지지대로 생각하는 것이 더욱 어려웠던 것입니다." 압정을 상자 안에서 없애자 그들은 상자를 대안으로 활용하여 문제를 쉽게 해결했다.

처음에는 이상하게 보일 수 있지만 창의성을 문제 해결로 여기는 것은 정확한 판단이다. 혁신은 기존에 널리 알려진 지식을 새롭게 사용하거나 이를 새롭게 표현하는 것을 말한다. 결과적으로 창의력을 갖기 위해서는 특정 지식이 본래 의도한 기능만을 갖는다는 고정관념을 없애야 한다.

예를 들어 《반지의 제왕》의 작가 J.R.R. 톨킨이 나무를 그냥 나무로 받아들이는 기준을 벗어나지 못했더라면 팡고른 숲을 지키는 지각 있는 존재인 엔트족을 창조할 수 없었을 것이다.

101가지 사용법에 대해 다시 돌아가 보자. 벽돌이나 어망 등을 어떻게 새롭게 사용할지 연습을 통해 생각해보자. 이는 창의성을 키우는 데 도움이 되는 사고의 융통성을 촉진시킨다.

 글쓰기 연습

제시된 사물로 여러 가지 특이한 사용법을 글로 나타내보라.

신문, 유리컵

코르크 마개, 단추

휴지통, 낡은 다리미판

유용한 정보: 기능적 고착에서 벗어나기 위해 사물을 현재 용도에 맞추지 말고 여러 성질을 모두 생각해본다. 예를 들어 휴지통은 용기에 안성맞춤이므로 모양이 움푹 들어가 있다. 하지만 무게, 크기, 질감, 색상 등 다른 속성들도 있다는 점을 명심할 것. 또한 통기성이 없고 전도체 성질도 없으며 과도하게 가열하면 녹아버리기까지 한다.

BBC 지역 방송에서 '파란색 휴지통으로 할 수 있는 101가지 사용법' 대회를 인터넷에 중계했을 때 시청자들은 대부분 휴지통을 용기로 사용하는 기능에만 집착했다. 그래서 집에서 빚은 맥주를 담는 통이나 퇴비 통이라는 아이디어들이 나왔다.

훨씬 혁신적인 아이디어는 BBC의 스태프들에게서 나왔다.

휴지통을 달리기 모자, 드럼 세트, 썰매, 방어벽, 스피커스 코너Speaker's Corner: 영국 런던 하이드파크에 있는, 누구든 자신의 이야기를 마음대로 발언할 수 있는 광장에 세우는 구조물 등으로 사용하거나 드루이드Druid: 고대 켈트족의 지식층를 위한 빈헨지Binhenge: 스톤헨지의 응용로 바꾸기 등이 있었다.

사물을 기능적으로만 받아들이지 않고 다양한 관점으로 살펴본다면 놀랄 만큼 많은 활용도에 깜짝 놀랄 것이다. 하루 동안 투명인간이 된다면 어떻게 할 것인가?

한 언론 매체와의 인터뷰 중 '만약 초능력이 생긴다면 어떤 능력을 갖고 싶은가?'라는 질문을 받았을 때 마이클 크라이튼은 '투명인간'이라고 대답했다. 하루 동안 투명인간이 된다면 여러분은 어떻게 할 것인지 지금 상상해보고 짧은 글로 묘사해보라. 대신 다른 초능력을 갖고 싶다면 어떠한 능력이 마음에 드는가?

05

내게 행복을 주는 글쓰기

우연히 작은 서점에서 《행복을 주는 1만 4,000가지 14,000 Things to be Happy About》라는 제목의 작고 두꺼운 책을 발견했다. 1만 4,000가지는 정말 큰 숫자이다.

그 책을 집어든 나는 저자이자 언어학자인 바버라 앤 키퍼가 중학교 시절에 그 목록을 모으기 시작했고 그 수가 점점 늘어나게 된 사실을 알게 되었다. 그 책은 1990년 처음 출간된 이후 지금까지 100만 부 가까이 판매되었으며 심지어 탁상용 달력으로도 출시되고 있었다.

뭐가 그리 특별한 것일까? 사람들은 왜 다른 사람의 '행복'

목록을 읽고 싶어 하는 걸까? 그 이유는 이 책이 평범한 목록을 담고 있는 것이 아니기 때문이다. 정확히 말하면 살아 있다는 것이 무엇을 의미하는지를 탐구하고 있기 때문이다. 또한 특이하면서도 창의적이다. 그중 네 개의 예문을 한번 살펴보자.

- 잠옷 입은 채로 아침식사하기
- 소나무 위로 비치는 마지막 햇살을 받고 있는 호수
- 크림에 흠뻑 적신 달콤한 옥수수와 부드럽고 작은 푸른 리마콩
- 번들거리는 하얀 벽에 비치는 덧문 그림자

보는 바와 같이 작가는 감각을 불러일으키는 사물을 선택했다. 햇살과 그림자는 분위기를 한층 높여준다. 그리고 옥수수와 콩은 맛의 감각을 일깨운다. 또한 아침식사 때 잠옷을 입는 것은 매우 느긋하게 휴식을 취하는 느낌과 함께 게으른 주말을 암시한다. 이 책의 각 항목들은 비슷한 분위기를 떠올리게 한다.

모든 항목이 작가의 심금을 울린다고 해서 독자의 심금마

저 울리는 것은 아니다. 예를 들어 여러분이 멕시코 음식을 먹어본 적이 없다면 타코를 한 입 베어 물면서 머리를 갸우뚱하는 것이 어떻게 행복감을 줄 수 있는지 무척 궁금할 것이다. 키퍼에게 이러한 행복감을 선사한 것이 바로 타코이다. 여러분에게는 화이트 초콜릿, 스타벅스 파니니 또는 엄마가 만들어준 과일 케이크 한 조각이 행복감이 될 수 있다는 사실을 명심할 것.

작가는 언제나 의미 있는 소설을 쓰고 싶어 한다. 그런 소설을 쓰려면 감정을 공유하는 분위기를 만들어내는 것이 도움이 된다. 감정은 보편적이기 때문이다. 행복을 주는 것들을 목록으로 만들어보는 일은 감정과 연결하는 가장 좋은 방법이다. 또한 이 방법은 창의력을 기르는 데 훌륭한 연습이 되고 잠재성을 개발하는 데도 도움이 된다.

심리학자 에이브러햄 매슬로는 아인슈타인과 엘리너 루스벨트처럼 충분히 자아를 실현해온 사람들을 연구했을 때 그들이 삶의 기본적인 경험을 깊이 공감한다는 특이성이 있음을 알아냈다.

5분 글쓰기 연습

자신에게 행복을 주는 것들을 모아 목록으로 만들어보라. 그리고 틈 날 때마다 그 목록을 늘려가도록 한다.

유용한 정보: 서로 다른 감각을 따로 나열하면서 여러 글을 써보라. 그중 한 부분이 약간 부족하다고 생각되면 글을 쓸 때 신경 쓰지 못한 감각이 포함되어 있을 것이다. 그러면 의식적으로 그 감각을 포함하려는 노력을 하면 된다.

작가 양성 교육과정에 참여하고 있는 일부 초보 작가들이 '촉각'의 중요성을 정확히 몰라서 이를 무시하는 상황을 종종 목격하곤 한다. 예를 들어 오크나무의 거친 껍질이나 파도가 지나간 모래의 울퉁불퉁한 표면 등의 질감에 대해 생각해볼 때 그런 질감들은 흔히 눈에 보이는 것이라 생각한다. 하지만 보통은 그런 것을 만져 보면서 질감에 대해 익힌다. 거칠다는 질감은 피부로 느끼고 난 후에야 실제로 거칠다는 느낌이 드는 것이다. 이와 마찬가지로 모래의 울퉁불퉁한 표면은 맨발로 그 위를 질벅거리며 걸어갈 때 비로소 의미가 생기게 된다.

06

글을 쓸 시간이 없다고?

작가 양성 교육과정에 참여 중인 한 학생이 최근에 자기는 글을 쓰고 싶은 마음이 간절하지만 그 시간에 늘 다른 일을 하고 있는 자신을 발견하게 된다며 불평을 늘어놓았다. "시간을 내고 싶은데 늘 시간이 모자라는 것 같아요"라고 그녀는 말했다.

이런 일은 흔히 있는 문제이다. 또한 큰 걸림돌이기도 하다. 성공한 작가들은 보통, 시간이 많은 사람들이 아니다. 그들은 다른 일을 하고 싶은 욕구보다 글을 쓰고 싶은 욕구를 더 가지고 있기 때문에 – 아니면 적어도 그만큼 글을 쓰고 싶은 욕구가 있는 – 존재하는 사람들이다.

대도시 법률 사무소의 변호사였던 스콧 터로우는 작가가 되고 싶은 간절한 욕구를 억누르지 않기로 결심했다. 그는 매일 시카고와 노스웨스턴행 오전 7시39분 기차를 타고 사무실로 출근할 때마다 소설을 썼는데 그 소설이 바로 《무죄추정 Presumed Innocent》이었다.

결과적으로 시간이 부족하다고 변명할 때는 흔히 또 다른 이유가 있다. 그 이유는 작가 자신조차 모르는 것일 수 있다.

여러분에게 이런 문제가 있다면 절필을 선언함으로써 무엇을 얻게 되는지 자문해보라. 삶이 존재하는 한 모든 일에는 어느 정도 대가가 있다. 이는 파괴적이거나 자멸적인 행동에도 적용된다. 예를 들어 남편과 가족 때문에 자신의 야망을 억제해야 한다고 생각하는 한 여자를 – 그녀를 브렌다라 부르기로 한다 – 살펴보자. 그녀가 시시콜콜 간섭하는 남자와 결혼하지 않고 다섯 명의 자녀도 두지 않았다면 어떤 기업의 마케팅 이사가 되는 꿈을 꿀 수도 있었을 것이다.

처음부터 브렌다에게는 직장을 갖고 싶은 마음이 그토록 간절했는데 그녀는 왜 이래라저래라 하는 남자와 결혼했으며 아이도 그렇게 많이 낳았을까? 이 사실을 알게 된 한 친구가 그녀에게 출세할 수 있는 직장을 찾도록 설득한다. 그런데 불행하게도 브렌다는 광장공포증 때문에 집을 벗어날 수 없다는 사실을 조용히 밝힌다.

이 사례는 브렌다의 근원적인 문제점을 드러내고 있다. 일단 결혼과 자녀들이라는, 그녀가 느끼는 '속박'이 사라지면 그녀는 또 다른 변명을 억지로 지어냈을지도 모른다.

이 상황을 글을 잘 쓰고 싶어 하는 여러분의 현재 모습에 적용시켜보자. 너무 바쁘기 때문에 글을 쓸 여유조차 없다고 말하는 사람들, 그래서 글을 쓰지 않기 위해 온갖 변명을 지어내는 사람이 혹시 당신은 아닌가?

어떤 사람들은 실패가 두려워 쉽사리 글을 쓰지 못한다. 그런 두려움은 누구에게나 있다. 하지만 실패를 해보지 않은 사람이 어떻게 쉽게 베스트셀러 작가라는 이름을 당당히 거론할 수 있겠는가? 스티븐 킹이나 조앤 K. 롤링이 될 수 있다는 즐거운 상상부터 해보라. 이러한 꿈부터 지킬 수 있다면 실패 따위는 아무런 문제가 되지 않는다.

내가 진행하는 수업의 또 다른 학생은 글을 쓰지 못하는 근본적인 이유로 – 다음에 나오는 글쓰기 연습을 함으로써 알게 되었다 – 즐거운 일을 하는 것에 대한 죄책감을 들었다. 그녀는 어린 시절 즐거운 일에 몰두하기 전 반드시 맡은 일부터 끝내야 한다는 교육을 엄격하게 받으며 자랐던 것이다.

'나는 은퇴한 후 여행을 갈 수 있을 거야.'
'좋아, 술 한잔하러 나갈 수 있지만 먼저 설거지부터 끝내야 해.'

여러분은 글쓰기를 하는 데 어떤 장애를 지니고 있는가? 그것이 무엇이든 다음 글쓰기 연습은 장애를 극복하는 데 분명 도움이 될 것이다.

5분 글쓰기 연습

1단계

우선, 목표를 지키지 못하게 하는 생각들을 확인해보라. 예를 들어 다음 문장들이 그러한 이유가 될 수 있다.

- 나는 … 때문에 글쓰기를 하고 있지 않다.
- 내가 이것을 극복할 수 없는 이유는 …이다.
- 내가 글쓰기를 하지 않음으로써 얻는 이익은 …이다.

2단계

장애물을 확인했다면 이제 그 문장을 다시 고쳐서 긍정적인 확언으로 바꾸어야 한다. 예를 들어 여러분이 글쓰기를 못 하는 이유가 시간 부족 때문이라면 "글 쓸 시간이 있다는 사실을 이제 깨달았다"라고 말할 수 있다.

긍정적인 확언을 거부하거나 반박하고 있다고 느끼더라도 걱정할 필요가 없다. 그런 거부 반응이나 그 외 무엇이든 여러분에게 일어나는 일들을 단순하게 글로 적어보라.

이러한 훈련은 무의식적인 방어물이 문제의 진짜 이유를 숨기지 않게 하려는 데 목적이 있다. 문제의 진짜 이유가 의식적인 사고에 머물러 있어야 의식적인 차원에서 문제를 다룰 수 있다.

3단계

각각의 거부 반응을 앞서 했던 것과 똑같은 긍정적인 확언으로 바꾸어보라.

한 번에 하나씩 긍정적인 확언으로 바꾸길 바란다. 거부 반응이 얼마나 깊은지에 따라 긍정적인 확언과 거부 반응 과정이 결국 장애를 극복하게 되리란 사실을 점차 알게 된다. 예를 들어 나를 힘들게 할 실패가 다가왔을 때 '실패는 나를 괴롭히지 않아. 그건 성공으로 가는 길의 한 단계일 뿐이야'라는 긍정적인 확언을 글로 나타내면 된다.

07

아이의 시선으로 바라보기

델리아 애프론이 쓴 《지금은 통화 중 Hanging Up》에서 집에 돌아온 이브는 최근 이혼한 아버지가 옥외 테라스에서 에스더라는 여자와 즐거운 시간을 보내고 있는 현장을 보게 된다.

그녀는 우리가 다니던 치과병원의 접수원이다. 그녀의 헤어스타일은 강아지에게 매력적일지 몰라도 사람에게 그럴 것 같지 않은 잡다한 갈색을 띠고 있으며 머리 꼭대기까지 괴상한 곱슬머리 모양이다. 게다가 긴 손톱에는 오렌지색 매니큐어가 칠해져 있다. 그녀가 다음 일정을 잡으려고 내 기록 카드를 작성할 때마다 나는 늘 그 손톱을 놀라운 눈으로 바라보곤 했다.

여러분은 에스더의 모습을 떠올릴 수 있는가? 적어도 이브가 묘사한 오렌지색 매니큐어가 칠해진 손톱만큼은 생생할 것이다.

관찰하는 행위는 작가에게 줄거리에 대해 생각하는 능력보다 훨씬 더 중요하지만 동시에 흔히 무시되곤 한다. 어릴 적 처음 눈雪을 보았을 때를 떠올려보라. 신기하지 않았는가?

우리는 보통 성장해가면서 세상에 익숙해지기 때문에 일상적인 것들에 더 이상 관심을 두지 않는다. 한 지인이 막스앤스펜서 슈즈를 한 켤레 샀는데 나는 줄곧 그 슈즈를 봤음에도 불구하고 2주 후에야 양쪽이 약간 다르다는 사실을 알게 되었다.

그런 일은 흔히 있기 마련이다. 그리고 아무렴 어떤가! 슈즈를 신고 방문한 저녁 파티에서 즐거우면 그만이지.

하지만 작가가 되고 싶다면 호기심으로 가득한 아이의 시선을 되찾아야 한다. 예를 들어 라일락 잎에서 꼬물거리는 애벌레, 각설탕 위에 묻은 짙은 커피 자국, 아스팔트 도로의 틈

새에서 자란 개쑥갓 한 포기 등 보통 사람들이 지나쳐버리는 사물들 하나하나를 인식하는 예술가의 시선을 키워야 한다. 이런 것들이 소설에서 현실감을 주는 데 도움이 되며 주변 환경을 신비롭게 재구성하는 힘이 있기 때문이다.

앨런 베넷의 《토킹 헤즈Talking Heads》 독백 시리즈 중 하나를 살펴보면 세 명의 등장인물이 한 카페를 찾아가는 장면이 있다.

> 그리고 그 장소 전체를 붉은색으로 꾸며놓았다. 전등갓이 붉은색이고 웨이트리스도 붉은색 옷을 입었다. 접시도 붉은색이고 테이블 위 플라스틱 소스 통들도 토마토처럼 보일 정도이다. 또 붉은색이다. 그런데 한 조각이 떨어져 나간 각설탕도 보인다.

한 조각이 떨어져 나간 각설탕은 무심히 지나칠 수도 있는 사항이지만 카페와 단골손님에 대해 많은 것을 알려준다. 또한 붉은 색상이 얼마나 많은 역할을 하고 있는지 주목해보라.

글쓰기 수업에서 내가 즐겨하는 훈련은 학생들에게 교육 센터의 아래층 복도 바닥을 묘사하게 하는 일이다. 타일에서 나무에 이르기까지 묘사해보라고 시켜보면 평소 우리가 바닥에 무엇이 있는지를 살펴보지 않고 무심코 지나친다는 점을 충분히 알 수 있다.

이제 여러분이 한번 연습해볼 차례이다. 우선 친구 집 등 자주 찾아가는 곳을 생각해본다. 의자를 덮고 있는 천, 벽에 걸린 그림, 잘 어울리는 조명 등 작은 부분들을 묘사해본다. 그리고 세부사항을 떠올려보라. 체리나무로 만든 탁자는 라임 색으로 처리된 떡갈나무나 소나무와는 분명 다르다.

이제 그 장소를 방문해보라. 색상이나 질감 같은 구체적인 요소들을 정확하게 기억할 수 없다는 사실을 확인하고서 매우 놀랄지도 모른다.

5분 글쓰기 연습

무엇을 살펴볼 것인지부터 정할 것. 무엇을 선택할지는 자신에게 달려 있지만 하나의 항목으로 시작하도록 권한다. 그 항목은 거미줄, 벽돌, 고양이, 나뭇잎, 오렌지 조각, 물 한 잔 등이 될 수 있다. 이후에는 건물, 거리, 숲 등의 사물로 옮겨가면 된다.

사물을 선택했다면 몇 분간 집중해서 살펴보라. 그런 다음 그 사물을 머릿속에서 그려보라. 이제 글로 표현하면 된다.

이런 식으로 사물을 쉽게 지나치지 않고 유심히 관찰한다면 예전에는 미처 보지 못했던 것들을 볼 수 있다. 형태, 빛, 그림자 등을 인식해보라.

시력을 되찾은 한 여성 시각장애인의 인터뷰가 갑작스럽게 생각난다. 그녀가 처음으로 자신의 맹인안내견을 본 감동을 전할 때 그 목소리에서 경이로움이 느껴졌다.

이전에 사람들은 그 개가 초콜릿색 래브라도 리트리버라고 그녀에게 말해줬었다. 그런데 그녀가 직접 봤을 때는 진갈색부터 매우 옅은 크림색에 이르기까지 전체적으로 무지개 빛깔처럼 여러 갈색을 띠고 있는 아주 늠름한 개였다. 이것이 바로 여러분이 키우고 싶은 그런 시각 능력이 아닐까?

슈퍼마켓에 갈 때나 기차여행을 할 때 또는 우체국에서 줄 서서 기다릴 때 주변을 살펴보라. 특정인을 선택해서 실제로 관찰하되 반드시 분별 있는 태도를 취한다. '그들은 어떤 종류의 신발을 신고 다니는가? 뜯겨진 손톱 자국이 있는가? 아니면 손톱에 오렌지색 매니큐어가 칠해져 있는가?'

때로는 사물을 별 의미 없이 들여다본 후 특이한 점을 살펴보는 것만으로도 이야깃거리를 찾아낼 수 있다. 특히 스릴러물을 쓸 계획이라면 더욱 그러하다.

소설가 루스 렌델의 작품을 원작으로 하는 어떤 TV 기획 시리즈에는 한 경감이 여자의 발목 뒷부분을 보고 범죄를 해결하는 장면이 나온다. 알다시피 발목 뒷부분은 그냥 평평할 뿐인데 가끔씩 뼈가 튀어나온 경우도 있다. 우선 자신의 발목 뒷부분부터 한번 확인해보라. 렌델을 넘어서는 소재를 발견할지도 모를 테니까.

08

영혼을 감동시키는
합당한 이유

 삶을 고속도로로 보는 개념은 그다지 독창적이진 않지만 그래도 좋은 비유라 할 수 있다. 고속도로를 달리다보면 표지판도 없이 다른 방향으로 들어서는 길들이 나온다. '앞을 훤히 내다볼 수 있으면 좋으련만….'
 그런 샛길은 분명 두려움과 기대감을 동시에 준다. 가령 이런 식이다. '이 길은 어디로 이어질까? 혹시 잘못 들어서는 것은 아닐까? 그런데 생각보다 빨리 목적지에 도착하게 하는 지름길은 아닐까?' 이런 구절들은 하나의 이야기를 만들어내는 소스로 빈번히 사용할 수 있기 때문에 메모지에 적어 책상

위에 붙여두면 좋다.

현실에서는 샛길로 빠지지 않고 고속도로에 머무는 것이 더 쉽다. 하지만 소설은 이와 달리 샛길 자체가 매력적인 소재이다. 소설에서는 등장인물을 통해 여러 갈림길과 위험한 활동들을 간접적으로 탐험할 수 있다.

그렇지만 소설 속 등장인물들은 스스럼없이 길을 떠나는 데도 합당한 이유가 있어야 한다. 별 이유 없이 즉흥적으로 뭔가를 하기로 결정한다면 결과는 흐지부지 될 수밖에 없다. 이유가 명확하지 않으면 독자의 영혼을 결코 감동시킬 수 없다.

그렇다면 어떻게 등장인물에 동기를 부여할 수 있을까? 사실 그리 어려운 일이 아닐 수도 있다. 쉽게 생각하면 등장인물이 무시할 수 없는 상황을 창조해내면 그만이다. 또는 그냥 따라갈 수밖에 없는 매우 유혹적인 선택의 길을 만들어내면 된다. 방향을 바꿀 수밖에 없도록 가던 길에 장애물을 마련해 두는 것도 좋은 방법이다.

수전 던랩의 《나신의 다이아몬드 Diamond in the Buff》에서 발췌한 다음 글을 살펴보자. 캘리포니아 주 버클리를 배경으로 하는 이 글은 삶을 통째로 뒤바꿀 만한 변화가 몰아칠 때까지 격정적으로 살아가는 대학생들 사이에서 발생한 버클리 신드롬Berkeley Syndrome에 대해 설명한다. 이는 동기 부여를 이해하는 데 적절한 예시라 생각한다.

버클리 신드롬은 1960년대에 피어나기 시작해 70년대 절정에 이르렀다. 80년대 중반이 되자 이 신드롬에 휩쓸렸던 사람들은 40대에 접어들었다. 돌덩어리들을 가만히 들여다보며 아름다운 미래를 바라보던 눈이 이젠 안경 없이는 침침해지기 시작했다. 자유와 평화의 강단에서 되새김하며 악물던 이에는 시간제 임금으로는 지불하기 힘든 금을 씌워야 했다.

그리고 한 번 갈아입을 청바지와 친구 집 바닥에 펴고 누울 침낭으로 버텨온 몹시 가난한 삶을 더 이상은 이어갈 수 없었다. 꾸준한 수입의 필요성을 부인할 수 없게 된 것이다. 그래서 그들은 함께 돈을 긁어모아 지압요법, 약초학, 마사지 강좌 등을 수강해 책임 있는 어른이 될 준비를 하기 시작했다.

5분 글쓰기 연습

상상을 끝내고 백지라는 빈 여백에 가능성을 채울 준비가 되었다면 사건이 시작될 동기 또는 전환점을 하나 선택한다. 이제 그 전환점을 어떻게 묘사할지 그리고 여러분이 창조해낸 등장인물이 어떻게 반응할지를 글로 나타내보라. 아니면 이를 반대로 할 수도 있다. 먼저 등장인물을 만들어내고 전환점을 찾아가는 것이다. 그리고 난 뒤 이를 글로 나타내보라.

09

등장인물을 운명의 설계자로 만들어라

　데일 카네기는 《카네기 행복론How to Stop Worrying and Start Living》에서 과일을 재배하고 돼지를 키우고 싶어 했던 플로리다의 한 농부 이야기를 전한다. 불행하게도 그가 사들인 땅은 쓸모없는 것으로 드러났다. 너무 척박하고 쓸모없었기 때문에 메마른 지대에서 자라는 나무들과 방울뱀 외에는 어떤 것도 번성할 수 없는 땅이었다.

　처음에 그는 참담했다. 하지만 절망하지 않고 생각을 바꾸었다. 과일을 재배하고 돼지를 키우는 대신 이미 번성하던 것을 이용하기로 결심했던 것이다. 즉 방울뱀 농장을 시작했다.

그리고 불과 몇 년이 지난 뒤 그는 신발과 핸드백을 만드는 데 사용되는 방울뱀 가죽을 팔았을 뿐만 아니라 방울뱀 고기를 통조림으로 가공하고 해독제에 쓰이는 방울뱀 독을 팔았으며 매년 2만 명 정도의 관광객을 유치할 수 있었다.

카네기가 농장을 찾았을 때는 '독이 가득한 레몬을 달콤한 레모네이드로 바꾼' 그를 기리기 위해 마을 이름이 '플로리다 방울뱀'으로 바뀌어 있었다.

'운명이 당신에게 레몬을 건네주면 레모네이드를 만들려고 노력하라'는 카네기의 격언은 이후 동기 유발이 필요한 개인과 기업에게 일종의 주문이 되었다. 이 한 문장만으로도 성공이란 무엇인가에 대해 확연히 대답할 수 있다. 행운이나 특권에 기대지 말고 지금 당신이 갖고 있는 것을 최고로 만들라는 의미이다.

물론, 이 격언대로 산다는 것이 그리 간단한 일은 아니다. 또한 우리는 실망하거나 소중한 꿈이 짓밟히는 느낌이 어떤 것인지 잘 알고 있다. 하지만 분명 불행을 극복하는 데 성공한 사람들의 이야기는 커다란 도움이 된다. 그런 사람들은 분명 영웅이다. 다시 말해 경이로움과 희망의 원천이 되는 용기와 결단을 지닌 존재이다.

대표적으로 스스로 장애를 이겨낸 헬렌 켈러, 심하게 화상을 입은 얼굴이 포클랜드 전쟁의 상징이 된 사이먼 웨스턴, 사고로 한쪽 다리를 잃었지만 이에 굴하지 않고 전쟁 부상자들을 위한 보철용 팔다리를 제작하는 헤더 밀스 헬스 트러스트 자선단체를 세운 헤더 밀스 등이 있다.

역경에 맞서는 등장인물의 출현은 전형적일지 몰라도 늘 인기가 많다. 일례로 2003년 영국인이 가장 좋아하는 도서 조사 프로그램인 BBC의 〈빅 리드Big Read〉가 방영 중이었을 때 한 시청자는 BBC 게시판에 이런 이유로 《제인 에어Jane Eyre》를 뽑았다.

'역경에 맞서는 강인함, 반항적인 기질, 결코 포기하지 않으며 자신을 속이지 않는 그녀의 태도를 좋아합니다'라고….

그 밖의 다른 예는 문학과 영화에 많이 등장한다. 우선 정신 지체자인 포레스트 검프를 떠올려보라. 뒤이어 끝없는 바다로 둘러싸인 열대 나라에서 아이스크림을 팔고자 했던 《앨리스 같은 도시A Town like Alice》의 진 파젯도 있다.

물질만능의 도시를 떠나 뉴잉글랜드에서 아이를 키우며 사과 농장을 운영하는, 영화 〈베이비 붐Baby Boom〉의 다이앤 키튼도 언제나 인기가 높다. 특히 컨트리 베이비라는 사과 이유식 제조 회사를 설립한 그녀의 용기와 도전에 모두가 박수를 보낸다.

그런 등장인물들은 – 대부분 실제 인물에 바탕을 두고 있다 – 위기에 처할 때 포기하지 않고 제아무리 제약이 따르더라도 강한 투지를 지녔다는 공통점이 있다. 헬렌 켈러가 언젠가 "세상은 고통으로 가득하지만 그것을 이겨내는 일로도 가득하다"라고 말했듯이.

이런 원칙을 여러분이 쓰고자 하는 소설의 등장인물에 활용하면 큰 성과를 거둘 수 있다. 독자들은 문제에 몰두하지 않는 인물에게는 흥미를 두지 않는다. 단편이든 장편이든, 등장인물들을 자기 운명의 설계자로 만들어야 한다. 다시 말해, 이야기가 외부 환경에 따라 진행되는 것이 아니라 등장인물이 무엇을 하느냐에 따라 진행되어야 한다는 의미이다.

또한 등장인물들이 처한 상황에 대해 새로운 평가를 내릴 수 있다는 점을 명심하라. 방울뱀으로 넘치는 땅을 가진 농부처럼 원했던 일이 계획대로 이루어지지 않을 것을 알게 되지만 이를 극복하는 새로운 방법을 찾아낼 때 등장인물은 더욱 빛을 발할 것이다.

> **5분 글쓰기 연습**
>
> 등장인물에게 부여할 긍정적인 사고에 관한 연습을 하기 위해 운명이 레몬을 건네줬을 때를 생각해보라.
>
> - 중요한 시험에서 떨어진 적이 있는가?
> - 돈을 잃어버리고 결국 찾지 못했던 적이 있는가?
> - 나의 발전에 방해가 된다고 느끼는 상황이나 사람이 있는가?
> - 바로잡기에 너무 늦어버린 일에 화가 나는가?
> - 만약 …였다면 상황이 더 좋아졌을 것이라고 느끼는가?
> - 어릴 때 나는 무엇이 부족했는가? 그리고 어떤 꿈이 무너졌고 어떤 야망이 좌절되었는가?
>
> 가능한 한 많은 것들을 적어보고 원할 때마다 목록에 추가해보자. 이제 다른 시각으로 목록에 있는 항목들을 살펴보자. 당시 아무리 부정적으로 보였을지라도 일말의 긍정적

위의 어구들은 모두 진부한 표현들이다. 처음에는 매우 좋게 들렸던 표현들이지만 남용으로 인해 식상해졌다. '오이처럼 차갑다cool as a cucumber: '대단히 침착한'이란 뜻'라고 말한다면 너무 많이 쓰는 표현이라 쉽게 이해 가능하다. 물론 이는 비유이다.

진부한 표현이 일상생활의 일부라면 소설에서 진부한 표현을 사용하는 것이 뭐가 잘못인가? 사실, 본질적으로 잘못된 건 없다. 등장인물들이 진부한 표현을 사용하지 않는다면 너무 허구처럼 느껴질 것이다. 감정이입이 힘들다는 뜻이다.

하지만 진부한 표현을 쓰는 작가의 사고가 진부해질 가능성이 있다. 진부한 표현이 독창적인 사고를 뒤덮어버린다는 사실을 명심해야 한다. 결과적으로, 진부한 표현을 쓸 때마다 독자에게 새로운 경험을 선사할 기회를 놓치고 있는 셈이다. 새로운 이미지는 즐거움을 주며 이야기의 분위기를 만드는 데 중요한 역할을 한다. 다음 예문에서 이미지 선택이 어떠한 분위기를 조성하고 있는지 살펴보라.

정말 아름다운 밤이었다. 서쪽에서 빛나는 샛별은 가로등 불빛만큼 밝았다. 그리고 인생처럼 희망적이고, 사냥의 여신의 눈처럼 생기가 있으며, 스카치위스키 한 병처럼 색깔이 선명했다.

— 레이먼드 챈들러, 《문제는 나의 일 Trouble is My Business》

번팅 씨는 얼굴을 찌푸렸다. 평소에는 온화한 독수리의 형상과 닮았다. 하지만 지금은 아침식사를 시체로 만족하지 못하는 독수리처럼 보였다.

— P.G. 우드하우스

그녀에게 불현듯 찾아온 최후의 질병은 진행이 빨랐으며 참혹했다. 많은 인원이 참여하는 중요한 모임에 늦은 것처럼 암은 몸을 파고들었다.

— 윌 셀프, 《광기의 양적 이론 The Quantity Theory of Insanity》

그 바다는 변덕스러울 것이다. 그것은 그녀에게 고양이를 떠올리게 했다. 발톱을 감추고 있는 부드러운 발로 뛰어놀고 있는 고양이 같았다.

— 앨리스 밀러, 《수영 Swimming》

5분 글쓰기 연습

생기 넘치는 은유와 직유를 만들어내려면 문장 전체에 지나치게 영향을 받지 않고 특정한 관점에서 사물을 바라볼 수 있어야 한다. 예를 들어 '도자기 가게 안의 황소처럼 like a bull in a china shop : '고삐 풀린 망아지마냥'이란 뜻' 돌진한다고 말한다면 이 비유에 사용하는 속성은 황소의 서투름이다. 황소의 다른 측면은 - 갈라진 굽, 꼬리, 코걸이 - 특정한 직유와 전혀 상관이 없다.

사물은 수많은 속성을 지니고 있다. 따라서 그 밖의 다른 것에서 비교할 만한 속성을 찾는 것이 관건이다. 진부한 표현에서 벗어나기 위해 자기만의 새로운 직유로 바꾸어보는 연습을 꾸준히 해야 한다.

11

1분에 한 문장씩

작가는 글을 써야 한다. 그런데 매일 5분씩 글을 쓰는 것이 일주일에 몰아서 35분씩 쓰는 것보다 낫다. 이것이야말로 결국 이 책이 말하고자 하는 대전제이다. 하지만 사실상 우리는 하루 5분조차 시간을 내기가 힘들다.

물론 전혀 희망이 없는 것은 아니다. 매일 한 문장조차 쓰지 못하더라도 필요할 때 그리고 정기적으로 뇌를 훈련시켜 두면 된다. 버스나 지하철에 탔을 때 머릿속에서 꾸준히 써나가 보자.

혹시 어느 순간엔가 단 한 문장을 쓸 시간이 주어진다면 보다 긴 글을 쓰기 위한 계기로 앞서 훈련해두었던 시간을 꺼내보면 된다. 그렇다고 굉장히 멋진 문장일 필요는 없다.

레이먼드 카버는 언젠가 그 과정이 얼마나 효과가 있었는지를 이렇게 설명했다. "며칠 동안 내 머릿속에는 '그는 전화가 울렸을 때 진공청소기를 돌리고 있었어요'라는 문장이 계속 맴돌고 있었지요. 거기에 어떤 이야기 하나가 들어 있었고 밖으로 나오고 싶어 한다는 사실을 깨달았죠. 그리고 결국 한 줄을 쓰고 그 다음 한 줄, 그리고 다음 한 줄, 그렇게 시 한 편을 짓는 것처럼 이야기를 조합할 수 있게 되었습니다. 곧 하나의 이야기를 끝낼 수 있었고 그것이 바로 제가 쓰고 싶었던 이야기란 걸 확신했습니다."

이는 소설에도 효과가 있다. 스티븐 킹의 《스탠드 The Stand》 무삭제판은 약 1,000페이지 정도이며 전화번호부만큼 두껍지만 그는 프롤로그에서 이렇게 말한다.

"당신은 어떻게 글을 씁니까?"라는 질문을 받으면 저는 한결같이, "한 번에 한 단어씩"이라고 대답합니다. 그리고 그 대답은 언제나처럼 묵살됩니다. 하지만 그게 전부입니다. 너무 간단해서 사실이 아닌 것처럼 들리겠지만 중국의 만리장성을 생각해보십시오. 말하자면, 한 번에 돌 하나씩. 그런데 그 빌어먹을 만리장성은 우주에서 망원경 없이도 볼 수 있다는 글을 읽은 적이 있습니다.

다음 목록은 사고에 활기를 불어넣어줄 문장들이다.

- 죽음은 나의 자세 문제를 해결한 것처럼 보인다. 더욱이 내 근력도 향상시켰다. — 마틴 에이미스, 《런던 필즈London Fields》

- 그녀는 한데 뒤섞인 감정을 한 번도 들어본 적이 없었다.
  — 재닛 윈터슨, 《오렌지만이 과일은 아니다Oranges are not the only Fruit》

- 내 장갑을 생각하다가 내가 겁쟁이라는 생각까지 들면서 점점 더 우울해졌다. — J.D. 샐린저, 《호밀밭의 파수꾼The Catcher in the Rye》

- 나는 세탁기 맨 위에서 튀어나온 발을 좀처럼 알아채지 못한다.
  — 타마르 마이어스, 《그릴에 굽지 말라Thou Shalt not Grill》

- 나는 몇 년 동안 아무도 죽이지 못했다. 이는 내가 통과해야 할 하나의 단계일 뿐이었다. — 이언 뱅크스, 《말벌공장The Wasp Factory》

- 나는 스트레이트라는 거리에서 그를 만났다.
  — 메리 스튜어트, 《가브리엘의 사냥개The Gabriel Hounds》

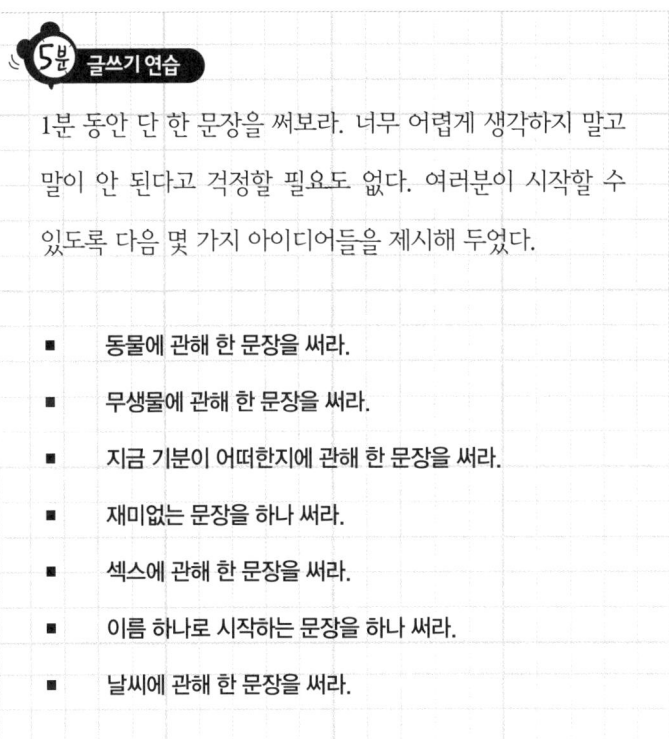

5분 글쓰기 연습

1분 동안 단 한 문장을 써보라. 너무 어렵게 생각하지 말고 말이 안 된다고 걱정할 필요도 없다. 여러분이 시작할 수 있도록 다음 몇 가지 아이디어들을 제시해 두었다.

- 동물에 관해 한 문장을 써라.
- 무생물에 관해 한 문장을 써라.
- 지금 기분이 어떠한지에 관해 한 문장을 써라.
- 재미없는 문장을 하나 써라.
- 섹스에 관해 한 문장을 써라.
- 이름 하나로 시작하는 문장을 하나 써라.
- 날씨에 관해 한 문장을 써라.

- 바보 같은 문장을 하나 써라.
- 장소에 관해 한 문장을 써라.
- 습관에 관해 한 문장을 써라.
- 자신에 관해 한 문장을 써라.
- 비속어로 시작하는 문장을 하나 써라.
- 물에 관해 한 문장을 써라.
- 사랑에 관해 한 문장을 써라.
- '어떻게'로 시작하는 문장을 하나 써라.
- 계절(봄, 여름, 가을, 겨울)에 관해 한 문장을 써라.
- 죽음에 관해 한 문장을 써라.

12
:
멋진 이름 정하기

 제임스 본드 시리즈에는 007이 자신을 소개하는 장면이 등장한다. 카지노에서 도박을 하다가 악당을 때려눕히거나 비행기에서 뛰어내린 뒤 태연하게 악당을 창문 밖으로 집어던지고서 "안녕하세요"라며 습관적으로 인사를 건네며 이렇게 말한다. "내 이름은 본드, 제임스 본드입니다."
 제임스 본드는 가장 대중적인 인물 중 하나이지만 작가인 이언 플레밍에 관한 TV 다큐멘터리에 따르면 그 이름은 우연에서 비롯되었다고 한다. 《007 카지노 로얄 Casino Royale》이라는 제임스 본드 시리즈를 처음 쓰기 시작했을 때 플레밍은 자메이카에 살고 있었다. "나는 정말 평범하고 차분한 이름을 원했지요. 그런데 마침 이곳에 내가 아끼는 책 중 하나인 제임스 본드의 《서인도 제도의 조류 Birds of the West Indies》가 있었습니다. 그때 그 저자의 이름이 꽤 차분하다는 생각이 들었고 그래서 그대로 가져다가 사용하게 되었습니다."

조류학자에서 근사한 스파이로 변한 그 이름 바로 제임스 본드. 007이 아닌 제임스 본드를 상상하기는 어렵다.

그렇다면 이름이 예술이나 과학에 어떤 영향을 미칠까? 어쩌면 약간은 그럴 수도 있다. 비언어 의사소통 분야의 전문가인 미국의 심리학자 앨버트 메라비언은 사람들이 서로를 인식하는 데 이름이 상당한 영향력을 미친다는 결과를 알아냈다. "연구 결과에 따르면 호감이 가거나 매력적인 이름을 지닌 사람은 그렇지 않은 사람보다 다른 이로부터 더욱 호의적인 대우를 받습니다. 또한 호감이 가지 않거나 매력적이지 않은 이름을 지닌 사람은 개인적, 사회적 활동과 업무 활동에서 불리한 입장에 놓이는 경향이 있습니다."

등장인물에 특이한 이름을 붙이기로 마음먹었다면 이는 기억해둘 가치가 있다. 메라비언은 지적이면서 성공적이고 창의적인 능력을 갖고 있다고 생각하는지에 따라 특정 이름에 1~100까지 점수를 매기도록 실험 참가자들에게 요청했다. 그 결과 '존John'이 평균 98점을 받은 반면, '크누트Knut'는 11점을 받았다고 밝혔다.

이름은 상대방이 자신을 어떻게 인식하는지를 규정하는 데도 도움을 준다. 영국의 심리학자 헬렌 페트리는 더욱 여성적인 이름을 가진 소녀들은 성격에서도 여성적인 면을 보인 반면, 남녀 구분이 되지 않거나 남성적인 이름을 가진 소녀들은 적극적인 성격을 띤다는 사실을 알아냈다.

물론, 매력적이라는 기준은 시대와 문화에 따라 다양하다. 나의 어머니는 1920년대 두 명의 화려한 영화배우에 푹 빠진 후 그들의 이름을 따서 글래디스 리타라는 세례명을 받았다. 하지만 그들의 인기가 시들자 패디라는 이름으로 바꾸었다.

그리고 이후 아일랜드로 이사를 가서는 성별에 대한 혼란을 피하기 위해 패트리샤로 바꾸었다. 이와 마찬가지로 영국에서는 카일리라는 이름이 이국적으로 느껴질 수도 있지만 호주에서는 그 이름이 케이티나 수만큼 많이 쓰인다.

등장인물의 이름 짓기에 대한 아이디어를 찾고 있다면 인터넷에서 흥미로운 사이트들을 활용하면 된다. 최근 상위 50위에 드는 남자아이의 기독교 이름이나 중세 유대인 이름, 13세기 초 영국 여자 이름, 아일랜드 이름, 성자의 이름 등을 찾고 싶다면 키보드만 몇 번 두드리면 그만이다.

5분 글쓰기 연습

괘선지 한 장과 가위 하나를 준비할 것. 가운데에 주름선이 생기도록 종이를 세로로 반 접어서 시작한다. 그 다음 친구, 친척, 직장 동료 등 여러분이 잘 아는 사람들의 목록을 만들어라. 본인의 이름을 포함시켜도 좋다.
접은 종이의 왼쪽에는 이름을 기록하고 오른쪽에는 성을 기록한다. 아이디어가 바닥이 나면 영화 속 등장인물, 유명 작가, 대중 가수, 소설 속 등장인물 등을 목록에 넣어라. 그 이름이 마음에 드느냐 그렇지 않느냐는 중요하지 않다. 사실 이 연습을 위해 이름을 서로 섞어보는 것이 좋다.
완성했다면 접은 부분을 따라 반으로 자른다. 이제 하나는 이름, 다른 하나는 성이 기록되어 있는 두 개의 목록을 따로 갖게 되었다. 이를 통해 새로운 조합을 만들어보라.

분명, 목록이 많을수록 조합할 수 있는 수는 더 많아지지만 여섯 개의 이름만 생각해내더라도 30개의 새로운 이름을 살펴볼 수 있다. 나는 《반지의 제왕》의 등장인물들로 이 실험을 했고 그 결과 매우 흥미로운 '새로운' 인물들을 생각해냈다.

올랜도   블룸
숀   애스틴
미란다   오토
일라이저   우드
이언   매켈런
크리스토퍼 리

물론 모든 조합이 다 효과가 있는 것은 아니다. 이언 오토는 좀 이상하게 들린다. 하지만 미란다 맥켈런은 어떤가? 아니면 올랜도 리나 숀 우드는 어떤가?

13

상상력을 발휘하라

5세기 전, 레오나르도 다빈치는 노트에 이렇게 썼다.

> 나는 이 교훈들 가운데 사색이라는 새로운 취향을 언급하지 않을 수 없다. 이는 사소하고 우습게 보일 수 있지만 그럼에도 불구하고 재능을 일깨워 다양한 창작물을 만드는 데 매우 유용한 방법이다.
> 사색은 말하자면, 당신이 얼룩과 갖가지 모양의 돌이 섞여 있는 벽을 살펴볼 때 어떤 풍경을 만들어내고자 마음먹었다면 그곳에서 산, 강, 바위, 나무 등으로 이루어진 여러 풍경을 볼 수 있다는 뜻이다. 또한 전투와 사람들의 행동, 이상한 얼굴과 복장, 수없이 다양한

사물들을 볼 수 있고 그것들을 완전하고 잘 묘사된 형태로 바꾸어 놓을 수 있다는 해석이 가능하다.

얼룩과 돌이 섞인 그 벽에서 당신이 상상하는 모든 이름과 단어가 종소리의 울림처럼 나타날 것이다.

물론, 여러분은 어떤 모호한 무늬에서 의미 있는 형태를 찾아내기 위해 다빈치가 될 필요는 없다. 하지만 어린아이들은 항상 그렇게 한다.

작가 양성 교육과정에 참여하는 한 학생은 밤에 침대에 누워 있다가 벽에 걸어둔 자기 옷 뭉치의 그림자를 보며 공포에 떨었던 기억이 있다고 말했다. 여러분은 보통 구름이나 천장에 습기 찬 부분에서 여러 얼굴 형상을 본 기억이 있을 것이다.

이런 일은 창조적 활동처럼 보이지 않을 수 있지만 분명 창조적 활동이라고 말하고 싶다. 다빈치가 상상력을 사용하여 얼룩진 벽에서 상상의 풍경을 본 것처럼 내 학생도 상상력을 통해 옷 더미에 숨어 있는 괴물을 보았다.

이러한 이야기가 모든 사람에게 똑같은 재능이 있다는 의미는 아니다. 대신, 삶에서 마주친 경험과 영향으로 형성되고

채색되는 개인적인 필터로 세상을 해석한다는 의미이다. 어린아이들의 지각 필터는 논리와 경험에 거의 제약을 받지 않기 때문에 어른보다 더 많은 아이디어에 개방되어 있다.

어른에게 유치하거나 기이하게 보일 수 있지만 이는 고정관념 때문이다. 어른들에게 세상은 이미 익숙할 대로 익숙해져 있다. 이미 대부분 경험해 보았다. 사실 아닌가?

그런데 바로 그 점이 문제이다. 우리는 그 익숙함을 당연시하면서 호기심을 갖지 못한다. 의문을 품는 것을 멈추고 그곳에 무엇이 있을까, 라고 상상하는 대신 그곳에 무엇이 있는지를 보는 것에 자랑스러워한다. 우리에게는 괴물 대신 세탁해야 할 지겨운 옷 더미가 보일 뿐이다. 혹시 더욱 창의적으로 보고 싶은가? 지각 필터를 조절하고 '아이 같은' 시선으로 돌아가야 한다.

어떻게 하면 될까? 미하이 칙센트미하이는 《창의성의 즐거움 Creativity: Flow and the Psychology of Discovery and Invention》에 '좀 더 창의적인 삶을 향한 첫 번째 단계는 호기심과 관심을 개발하는 일이다'라고 썼다.

다빈치는 지저분한 돌더미에서 위대한 예술의 잠재성을 볼 수 있지만 작가는 등장인물, 사물, 이미지, 감정 등이 임의로 뒤섞인 소재 더미에서 소설의 잠재성을 볼 수 있다.

이런 잠재성을 실천으로 옮긴 흥미로운 예로 미국에서 문맹과 싸우기 위한 기금을 마련하기 위해 만들어진 선집인 《점점 복잡해지는 사건 The Plot Thickens》이 있다. 11명의 베스트셀러 작가들이 짙은 안개, 두툼한 스테이크, 두꺼운 책이라는 특정 요소들을 조합해서 이야기를 쓰도록 요청받았다.

나는 특히 도널드 E. 웨스트레이크가 저술한, 햄버거 가게에서 음식을 사서 잠복근무하는 경찰을 특징으로 삼은 〈잠복근무 Take it away〉가 마음에 들었다.

이런 기법은 뇌가 접하는 것이 무엇이든 그곳에서 의미를 만들도록 되어 있기 때문에 효과가 있다. 뇌는 이런 요소들이 임의적이라는 것을 알지 못한다. 그저 최선을 다해 그 요소들을 이해하려고 노력할 뿐이다.

여러분이 어떤 요소를 사용하는지는 사실 그리 중요하지 않지만 세 가지 요소가 하나로 이루어진 것이 가장 좋은 효과가 있는 것처럼 보인다. 한번 실험해보라. 글쓰기 수업에서 늘 결과를 만들어내는 요소는 등장인물, 배경, 사물이다.

5분 글쓰기 연습

다음 목록 중에서 등장인물, 배경, 사물을 하나씩 고른다. 무작위로 선택하기 위해 별도의 카드나 종이 한 장 위에 각 단어를 옮겨 적는 것이 좋다. 그러면 카드 세 벌을 갖게 되고 필요할 때마다 여기에 목록을 추가하면 된다.

그리고 아이디어를 원할 때마다 카드를 섞어라. 다음에서 제시하는 등장인물, 배경, 사물로 이루어진 요소들을 사용하면서 5분 동안 글을 써보라.

의사, 호수, 향수 한 병
쌍둥이, 농장, 우산
자동차 편승 여행자, 호텔, 편지
정원사, 슈퍼마켓, 카메라
도둑, 박물관, 체스 세트
편부모, 학교, 휠체어
점쟁이, 영화관, 곰 인형

14
:

불완전한 문장 메우기

형태주의 심리학자들은 모든 자극 패턴은 가장 단순한 것으로 보인다는 법칙을 '좋은 형태의 법칙'이라 부른다. 이 법칙은 불완전한 정보가 주어졌을 때에도 사물을 이해하려 한다는 하나의 추측 방식을 말한다.

옆 그림을 한번 살펴보라. 이 그림은 삼각형이기 때문에 삼각형처럼 보이는 것이 아니다. 삼각형으로 해석될 때 가장 이해되는 것처럼 보

이는 선의 조합 때문에 삼각형처럼 보일 뿐이다. 다시 말해, 우리 뇌가 '그 여백을 메우기' 때문이다. 형태를 만들어내는 이런 능력은 상황에 적응하는 데 꼭 필요한 요소이다. 그 능력이 없다면 모든 경험들이 혼란만 야기시킬 것이다.

퍼즐과 게임은 대부분 정보의 조각들로부터 일관성 있는 전체를 만들어내려는 뇌의 선천적인 욕구에 기반을 둔다. 어릴 때 감기에 걸려 학교에 가지 못했던 내게 어머니는 '점과 점을 연결하는 퍼즐' 책을 사주곤 하셨는데 그 퍼즐은 내가 몇 시간 동안 콧물이 흐르는 것조차 잊어버리게 했다. 조각그림 맞추기는 또 다른 확실한 사례이며 '이 유명한 속담을 완성하시오' 또는 '눈, 코, 입을 보고 이 유명한 사람을 알아맞히시오' 등 사람들이 끊임없이 좋아하는 퀴즈쇼도 마찬가지이다.

작가가 되고자 하는 여러분은 두뇌의 창의적인 부분이 활발히 움직일 수 있도록 '좋은 형태의 법칙'을 활용할 수 있다. 컴퓨터의 빈 화면이나 한 묶음의 백지 앞에 앉아서가 아니라 재미있는 이야기들을 불완전한 문장으로 제시함으로써 그렇게 할 수 있다. 이는 두뇌에 선사하는 칵테일파티의 카나페, 항공기 내의 땅콩 한 봉지, 훈제연어 전채요리 등과 같다.

창의력이 흐르기 시작하고 뭔가가 일어나는 것을 인식하기도 전에 여러분의 페이지는 글로 차곡차곡 채워질 것이다.

5분 글쓰기 연습

다음 미완성 문장 중 하나를 선택하여 5분 동안 - 아니면 더 오랫동안 - 글을 써보라. 1인칭 시점에서 3인칭 시점까지 마음껏 바꾸어 써보고 원한다면 이름도 넣어보라.

나는… 하자마자 뭔가 잘못되었다는 생각이 든다.

그 오래된 양탄자의 퀴퀴한 냄새가 나를…하게 했다.

나는 늘…을 알고 있었다.

…하기만 하면….

나는…를 사랑한다.

안개가 걷히자 내가 본 것은….

…때에는 시간이 늦어지고 있었다.

그 기차가 점점 속도를 올렸을 때 문득…이 떠올랐다.

사람들은…하지 않는다.

내가 그날 마지막으로 하고 싶었던 것은….

나는 지금까지 누구에게도 이런 말을 하지 않았지만….

언덕 꼭대기에 도착했을 때 나는 몸을 돌려 …을 내려다보았다.

월요일 저녁마다 나는 늘….

나는 …할 때까지 어두운 곳에서 지켜보았다.

15

시간은 창의적으로 흐르고

    기 드 모파상의 소설 《벨 아미Bel Ami》에는 주인공 조르주 뒤루아가 한밤중에 자신과 달아나기로 약속한 수전을 만나러 가는 다음과 같은 장면이 있다.

    그는 11시경에 집을 나왔다. 그리고 잠시 시내를 돌아다니다가 마차를 잡아 콩코르드 광장으로 가서 해군 본부 옆에 세우게 했다. 그는 가끔 성냥을 켜서 회중시계로 시간을 살폈다. 밤 12시가 가까워지자 그는 초조해져서 안절부절못했다. 그리고 쉴 새 없이 창문으로 고개를 내밀어 밖을 내다보았다. 멀리서 12시를 알리는 시계 소리가 들렸다. 그러고는 좀 더 가까운 곳의 시계가 울렸고 그 다음 두 개가 한꺼번에 울리더니 마지막에 아주 멀리에서도 들려왔다. 소리가 그치자 그는 생각했다. '다 끝났어, 실패다. 그녀는 오지 않을 거다.' 하지만 그는 새벽까지 기다릴 각오를 했다. 이런 일에는 참고 기다릴 수밖에 없다.

15분을 알리는 시계 소리가 울리더니 그 뒤 30분, 45분을 알리는 소리가 차례로 들렸다. 그러고는 시내의 모든 시계들이 12시를 알렸을때처럼 1시를 알렸다.

이 장면은 몽타주라는 영상화 기법을 글로 표현한 사례이다. 여러분은 옛 헐리우드 영화에서 낙엽이 땅 위로 펄럭이며 떨어지거나 달력 페이지를 계속 날려 보내는 장면 등 연속적인 영상들이 시간의 흐름을 나타내는 몽타주 기법에 익숙할 것이다. 그 기법이 끝나면 영화 속 동작은 재개되고 분명 어떤 변화가 일어났음에도 놀라는 사람은 없다. 아마도 다음 장면에서는 아이가 자랐거나 어른이 더욱 늙은 모습을 하고 있을 것이다.

하지만 영화 〈벨 아미〉에서는 계속해서 12시를 치는 장면들이 시간을 빨리 흘러가게 하는 것이 아니라 시간을 늦추는 것처럼 보인다. 따라서 그 장면은 특정한 밤에 특정 인물을 위해 시간의 질을 감정으로 압축하는 효과를 낸다.

이 효과는 특정 영상들을 병치시킴으로써 의미를 창조해내는 러시아의 몽타주 이론과 비슷하다. 예를 들어 배우의 무표정한 얼굴 클로즈업을 본 관객들은 이전 장면이 관 속 여자의 클로즈업인지 아니면 수프 한 그릇의 클로즈업인지에 따라 여러 감정 표현들을 이해한다.

위의 발췌문에서는 각각의 시계가 울릴 때마다 수전이 약속장소에 도착할 가능성은 더욱 멀어지고 시간의 중립성에는 깊은 감정이 가득 채워진다.

기억처럼 시간도 연상 작용을 일으키기 때문에 감동적인 여운에 적합하다. 특히 좋은 생각을 떠올리게 하는 자정과 정오는 책, 영화, 노래 제목에도 많이 반영된다. 게리 쿠퍼가 등장하는 영화 〈하이 눈 High Noon〉, 더스틴 호프먼과 존 보이트 주연의 〈미드나잇 카우보이 Midnight Cowboy〉 그리고 최근작인 성룡의 〈상하이 눈 Shanghai Noon〉 등을 떠올려보라.

마찬가지로 온라인 서점인 아마존에서 검색해보면 시간 관련 소설이 엄청나게 많이 나온다. 가령, 애니드 블라이튼의 《7시 이야기 Seven O'Clock Tales》, 수전 슬레이터의 《오후 5시의 그림자 Five O'Clock Shadow》, 애거서 크리스티의 《패딩턴 발 4시50분 The 4.50 from Paddington》, 스티븐 킹의 《미스터리 환상특급 Four Past Midnight》 등이 있다.

하루 중 어느 시간이든 깊은 의미를 부여할 수 있다. 여자 사무원들이 콜라를 마시는 섹시한 남자를 보기 위해 서둘러 오전 11시 약속을 지키러 가는 TV 광고를 기억하는가? 그런데 왜 하필 오전 11시였을까? 사람들은 보통 오전에 커피를 마시는 휴식 시간을 연상하기 때문이다. 오전 11시경에 즐기는 간단한 식사, 콜라, 성적 쾌락 사이에 새로운 연관성을 만들어냄으로써 광고주들은 고객들이 콜라를 그냥 탄산음료가 아닌 그 이상의 의미로 생각하도록 기대했다.

이와 유사하게 작가들은 흔히 자신의 영향을 심화시키기 위해 감정을 자극하는 이미지를 시간과 연결시킨다. 프레드릭 포사이드는 《자칼의 날 The Day of the Jackal》에서 이 기법을 많이 사용한다. 다음에 나오는 내용은 이 소설의 첫 구절이다.

파리의 3월 어느 날 아침 6시 40분, 추운 날씨다. 한 남자가 총살형 집행대 앞에서 막 사형을 당하려는 순간이라 더욱 추운 것 같다.

여기서 아침의 추운 날씨는 더욱 비유적인 의미에서 총살형 집행대의 냉담함과 어울린다. 특정한 시간의 중요성이 지금 당장 명백하지는 않더라도 사람들은 모두 특정 시간이 전하는 의미를 이해한다. 예를 들어 '따분한 수요일 5시였다'라고 이야기를 시작한다면 독자들에게 직접적인 느낌을 줄 수 있다.

5분 글쓰기 연습

시간과 관련 있는 글쓰기를 위한 아이디어를 얻기 위해 시간을 촉매 역할로 사용하면서 창의적인 탐구를 해보라. 창의적인 탐구를 위한 특정한 시간을 – 예를 들어 6시 – 선택하고 첫 문장에 그 시간을 사용하면서 글을 써보라. 아이디어를 얻기 위해 '그 시간에 무슨 일이 일어날 수 있을까? 그 시간에 보통 여러분은 무엇을 하고 있는가? 그 시간에 다른 사람들은 무엇을 하고 있을까?'와 같은 의문을 가져보라. 그 시간은 혼잡한 출퇴근 시간, 가게가 문을 닫는 시간, 아이들이 학교에서 집으로 돌아오는 시간 등이 될 수 있다. 그러면 하늘이 점점 어두워지고 있고 공기 중에는 모닥불 냄새가 나는 어느 가을에 집으로 걸어오는 자신의 학창 시절의 이미지를 얻을 수 있다. 시간은 한 주의 여러 날에 있었던 갖가지 일들을 의미하기도 한다.

내 경우에는 월요일 저녁 7시에 작가 양성 수업이 있고, 화요일 저녁 7시에 향기로운 카페에서 커피를 마신다.

16

한 줄을 풍성하게 만드는 경험

 혹시 세계 최고 부자나 연예인과 보내는 상상 속 휴일을 꿈꿔본 적이 있는가? 베네치아의 주데카 섬에 위치한 바우어 팔라디오 호텔 스위트룸에서 하룻밤에 약 5,000파운드를 지불하고서 지상 최대의 파라다이스를 방문한 듯한 환상에 젖어보는 것은 어떤가? 패션과 낭만의 도시 파리에서 팝스타 마돈나와 어울리고 싶다면 뮤지컬 〈웨스트사이드 스토리〉의 작곡가 이름을 딴 호텔 드 크리용의 번스타인 스위트룸을 적극 추천한다.

 호텔 스위트룸에서 대운하를 내려다보고, 1793년 마리 앙

투아네트가 단두대의 이슬로 사라진 콩코르드 광장을 한 눈에 담아보는 것은 더없이 커다란 즐거움이다. 또한 대리석을 비롯해 번쩍이는 장식품들로 돋보이는 상향 조명과 부드러운 하향 조명으로 가치를 더하는 욕실, 창 밖 자연광으로 반짝이는 거대한 거울, 제철에 피는 싱싱한 꽃, 덮개를 씌운 고가구, 작은 가게를 가득 채울 만큼 가득한 향초 등이 갖추어져 있는 객실을 한 번 상상해보라.

그렇지만 궁극적으로 여러분이 얻는 것은 눈에 보이는 사물이 아니라 바로 경험이라는 사실을 잊지 말아야 한다. 여행작가 톰 닐이 말했듯이 스위트룸은 여전히 끔찍한 사치일 뿐이며 은행 잔고를 다시 들여다볼 수 없게 할 만큼 우울하게 만들지만 삶에서 경험할 수 있는 최고의 가치를 안겨준다.

하지만 유감스럽게도 우리는 대출금, 식비, 의류비, 자녀 양육비 등 현실적인 문제에 허덕이고 있다. 그렇다면 현실에서 직접 경험은 할 수 없을지라도 상상의 날개를 활짝 펴서 간접 경험으로나마 환상의 세계에 도달해볼 수 있는 방법은 없을까? 물론, 그 세계는 책의 앞뒤 표지 사이, 즉 하나의 이야기 속에 빼곡히 담겨 있다.

그곳에서 상상으로나마 역사상 최고로 호화로운 방을 창조해낼 수 있다. 그리고 그곳으로 나뿐 아니라 책을 읽는 독자들까지 초청할 수 있다. 은은한 장미향으로 가득한 리넨 시트를 침대 위에 깔 수도 있고 고디바 초콜릿을 베개 위에 놓아둘 수도 있다.

목 넘김이 부드러운 테탱저 샴페인을 밤새 주문할 수도 있고 온도가 조절되는 옷장 속에서 보송보송한 목욕 가운을 마음껏 꺼내 입을 수도 있다.

에덴동산에 버금가는 경치도 만들어낼 수 있다. 창문을 열면 온화하게 비추는 아침 햇살로 풍성한 바다, 레몬이나 생강 또는 유칼립투스 향으로 가득한 마당, 떡갈나무에서는 눈꽃이 후두두 떨어지고 희미하게 보이는 저편에는 땡그랑거리는 썰매 방울 소리로 가득한 중세 느낌의 숲이 펼쳐져 있을 것이다.

5분 글쓰기 연습

머물고 싶은 멋진 방을 잠시 동안 머릿속에 그려보라. 그

방을 여러분이 좋아하는 스타일로 풍성하게 채워보고 편안하게 머무는 데 도움이 되는 사치품들을 마음껏 배치해본다. 이제 그 방에 관한 글을 써보라. 독자의 감각을 깨우기 위해 방 안에 머물고 있는 경험에 활기를 불어넣어라. 또한 질감, 향기, 색상, 소리, 맛 등을 포함시켜라. 영감을 얻고 싶다면 여행 잡지나 생활 잡지를 찾아보거나 5성급 이상 호텔 홈페이지를 검색해도 좋다.

예를 들어 크리용 호텔 홈페이지는 호화로운 객실에 직접 들어가 있는 것처럼 상상할 수 있도록 3차원 가상현실 시스템을 제공하고 있다.

17
:

마지막 행 먼저 쓰기

캐서린 앤 포터는 "소설의 끝을 알지 못했다면 시작도 못했을 것이다. 소설을 쓸 때는 늘 마지막 페이지의 마지막 단락의 마지막 행부터 쓴다"라는 말을 남겼다.

마지막 행을 먼저 쓴다는 아이디어는 약간 비현실적으로 들리지만 결말에 다소 어려움을 겪는 사람들을 비롯해 많은 성공한 작가들에게는 효과가 있어 보이는 기법이다. 한 아일랜드 극작가는 이렇게 말했다. "나는 결말을 잘 못 쓴다. 그렇지만 좋은 문장을 하나 생각해내면 그것을 귀중한 작은 씨앗처럼 키운다. 글쓰기는 밤에 운전하는 것과 매우 흡사하다.

어디로 갈지 잘 알고 있는 한, 불과 몇 피트만 앞을 내다볼 수 있다고 해도 문제가 되지 않는다."

마거릿 미첼은 미국의 옛 남부를 배경으로 사랑, 전쟁, 열정의 파노라마식 대작인 《바람과 함께 사라지다Gone with the Wind》를 쓰기 시작했을 때 이야기 전체의 흐름을 어떻게 잡을지를 잘 알고 있었다. 그 이유는 그녀가 마지막 장을 먼저 쓰면서 결말부터 시작해 거꾸로 장별로 하나씩 글을 써나갔기 때문이다.

결말을 찾는 것이 너무 벅차더라도 걱정할 필요가 없다. 헨리크 입센이 쓴 희곡 《헤다 가블러Hedda Gabler》의 마지막 행에서 영감을 받은 루스 렌델의 단편 소설 〈누가 그런 짓을People Don't Do Such Things〉의 예를 따라 해보라. 그 소설은 이렇게 시작한다.

'인간이 그런 짓을 하면 못쓴다.'

이 문장은 《헤다 가블러》의 마지막 대사인데, 작가인 입센은 우연히 소설보다 더 기이한 사실을 알게 되어 당혹스러운 마음에 남자 등장인물의 입을 통해 이 말을 하게 한다. 나는 그 남자가 어떤 기분인지 잘 안다. 리브 베이커가 내 아내를 죽인 죄로 15년형을 살고 있고 거기에 나도 한몫을 했으며 그것이 우리 세 사람에게 일어났다는 사실, 그 명백한 사실에 직면할 때마다 그 말을 중얼거린다. 인간이 그런 짓을 하면 못쓴다. 하지만 그런 짓을 하는 인간들이 있다.

5분 글쓰기 연습

다음 문장들은 이미 출간된 소설의 마지막 문장들이다. (작가 이름과 제목은 일부러 적어두지 않았다.) 이 문장들을 결말로 활용하든, 아니면 첫 장면으로 사용하든 이야기의 촉매 역할로 이용해 5분 동안 글을 써보라. 이 기법이 효과가 있다면 꼼꼼하게 '마지막 행 목록'을 만들어보자.

- 나는 몸을 돌려 빗속으로 걸어갔다.
- 그런대로 괜찮았다.
- 시어도어 렉솔이 그랜드 바빌론 호텔에서 스테이크와 배스 맥주 한 병을 주문했을 때 복잡했던 사건의 사슬은 그렇게 끝이 났다.
- 그리고 모든 것, 모든 작은 세부사항들까지 영원히 내 마음속에 새겨질 것이다.
- 나는 자동차의 시동을 걸고 출발했다.

- 미움에서 사랑까지 – 그 여정은 다만 시작이었을 뿐이다.
- 다시는 그 자리를 파낼 필요가 없어야 한다.
- 나는 손을 뻗어 그녀를 일어나지 못하게 한 뒤 전화를 받으려고 그 방을 나갔다.
- 자, 한 잔 더 마시는 게 어때? 난 굉장히 목이 마른데.

18

:

~라면 어떻게 될까?

다음 두 문장은 작가 양성 교육과정에서 학생들에게 흔히 하는 질문이다.

- 어떻게 하면 아이디어를 이야기로 발전시킬 수 있을까?
- 어떻게 하면 제대로 된 결말을 쓸 수 있을까?

이 질문들은 서로 관련이 없는 듯 보이지만 사실상 서로 떼어놓을 수 없는 관계이다. 이야기의 시작이 결말의 씨앗을 포함하고 있거나 포함해야 하기 때문이다. 그리고 씨앗은 비옥

한 땅에서만 싹이 튼다. 다시 말해, 결말이 막히면 보통 훨씬 이전의 내용에서 고쳐야 할 부분이 생긴다. 흔히 시작 자체는 아직 힘이 충분하지 않다. 제대로 된 결말로 이어지기에 극적 상황이 부족한 이야기들도 있다.

위 두 질문에 대한 해결책은 확산적 사고 divergent thinking 질문에서 찾을 수 있다. 확산적 사고 질문이란 하나의 길 이상을 탐구하게 해주는 것을 말한다. 일반적으로 '~라면 어떻게 될까?' 또는 '만일 ~라면 어떨까?'로 시작할 수 있다.

이런 질문을 사용하면 아이디어를 특정 방향에만 한정짓지 않고 잠재적인 이야기를 풀어나가는 데 시험해볼 수 있다. 예를 들어 《개인의 경험을 글로 써서 출간하는 방법 How to Write and Sell Your Personal Experiences》에서 로이스 던컨은 한 가지 요소를 바꾸기 위해 진부한 상황을 파악하고 '~라면 어떻게 될까?'를 사용할 것을 다음과 같이 제안한다.

앤의 남편은 매일 밤 퇴근 후 곧장 집으로 돌아온다. 하지만 어느 날 저녁 그가 그렇게 하지 않는다면 어떻게 될까?

제인은 도시 아파트에서 혼자 산다. 하지만 어느 날 밤 그녀가 잠에서 깨어나 혼자가 아니란 걸 알게 된다면 어떻게 될까? 그녀가 바로 옆 어둠 속에서 누군가가 숨을 쉬는 소리를 듣게 된다면 어떻게 될까?

청소년 서스펜스 소설을 쓰는 던컨은 《내 얼굴 속 이방인 Stranger with My Face》에서 이런 접근법을 사용했다.

이 소설은 로리를 단단히 묶고 있는 과거의 비밀과 그녀를 빼닮은 한 소녀의 정체를 파헤치는 스릴러물이다.

작가들은 신문과 잡지 기사에서 자주 사용하는 '~라면 어떻게 될까?' 기법을 선호한다. 〈선데이타임스〉에 실린 기사 중 하나인 '이 주의 나쁜 아이디어' 항목을 살펴보라.

부모가 없는 동안 파티 금지라는 충고를 들은 한 10대 소년이 이를 무시하고 연일 소란스러운 파티를 열었다. 하지만 부모가 돌아오기로 한 날 벽에 구멍을 내고 주방 찬장을 긁어놓아 집을 손상시켰던 일로 당황하기 시작했다. 제때 수리할 수 없다는 두려움에 소년은 과감한 행동을 하기로 결심했다. 집에 불을 지르고 말았던 것이다.

이 이야기를 소설로 바꾸기 위해 처음에 제시했던 극적인 상황을 발전시킬 필요가 있다. 기사만 살펴보자면 소년은 너무 빨리 문제를 해결한다. 그런데 소년이 집에 불을 지르지 않았다면 어떻게 될까?

소년이 집이 손상된다는 사실을 전혀 걱정하지 않고 다른 상황을 걱정했다면 어떻게 될까? 방문객 중 한 명이 집에서 뭔가를 훔쳤다면 어떻게 될까? 훔친 물건이 무엇과도 바꿀 수 없는 엄마의 귀중한 장신구였다면 어떻게 될까? 엄마의 장신구를 누가 가져갔는지 알지만 어떤 이유로 즉시 되찾을 수 없다면 어떻게 될까? 상황을 바로잡으려는 소년의 노력이 상황을 더 악화시킨다면 어떻게 될까?

오랜 영화 팬이라면 사업가로 변신한 톰 크루즈 주연의 1980년대 영화 〈위험한 청춘Risky Business〉의 줄거리와 위 내용이 비슷하다고 느꼈을 것이다. 이 영화는 톰 크루즈가 속옷을 입고 기타 연주를 흉내 내는 장면만으로도 볼 가치가 있지만 무엇보다 스토리가 더없이 근사하다. 주인공 조엘 굿슨이 문제를 해결하려고 고군분투하지만 문제가 걷잡을 수 없이 확대되는 상황을 보여주는 완벽한 예라 할 수 있다.

〈라이팅 매거진〉의 에디터 주디스 스펠만이 청한 인터뷰에서 페니 빈센지는 '남편이 감옥에 가지 않기 위해 당신에게 위증하라고 요청한다면 어떻게 될까?(《딜레마Dilemma》에 등장) 신부가 결혼식 날 아침에 사라지면 어떻게 될까?(《또 다른 여인 Another Woman》에 등장)' 등 자신의 소설이 모두 '~라면 어떻게 될까?'로 시작한다고 말한다.

확산적 사고는 적절한 대답을 – 항상 다른 길을 차단하기 위해 행동을 취하는 대답 – 찾는 것이 아니라 가능성을 조사하는 것과 관련 있다. 이와 유사하게 창의력 훈련의 아버지라 불리는 에드워드 드 보노의 '수평적 사고lateral thinking'도 잘 알려져 있다. 이는 본질적으로 똑같은 사고 과정이 무엇인지를 설명하는 더욱 시각적인 방법이다.

신경학 연구에서는 이런 종류의 사고를 할 때 뇌가 다르게 행동한다는 사실을 입증한다. 이는 거의 예상치 못한 아이디어들이 갑자기 머릿속에서 떠오르는 상태를 흔히 깨닫는 '아하 현상aha phenomenon'을 설명하는 데 도움이 된다. 이것은 시상詩想이 여러분을 찾아가기로 결정하는 것이 아니다. 확산적 사고 질문은 그런 두뇌의 활성화를 촉진한다.

5분 글쓰기 연습

신문이나 잡지에서 읽어본 극적 상황을 선택한 후 확산적 사고 질문을 사용하여 그 상황을 소설로 바꾸어보라.

유용한 정보: 확산적 사고는 유창성을 중요한 속성으로 갖는 하나의 브레인스토밍 과정이다. 유창성은 간단히 말해 가능한 한 많은 아이디어에 대해 생각하는 것을 의미한다. 아무리 하찮은 것일지라도 여러분에게 일어나는 일을 그냥 글로 써보라. 하찮은 아이디어는 흔히 다른 아이디어를 촉발시키거나 귀중한 결과를 얻을 수 있는 방향으로 이끌어주는 습성을 갖고 있다. 여기서 좋은 방법은 잠들기 전 여러분이 선택한 상황에 대해 깊이 생각해보는 것이다. 작가들은 대부분 아이디어가 꿈속에서 - 또는 아침에 깰 때 - 찾아온다는 사실을 잘 알고 있다.

19
내게 돈을 줘

월마 빈이 여동생인 도로시를 방문하러 필라델피아에 가지 않았더라면 그 일은 결코 일어나지 않았을 것이다. 월마가 텔레비전에서 그 프로그램을 본 사실을 알았더라면 어니는 어찌했을까? 뉴저지 패러머스의 원스톱 쇼핑몰에서 경비원으로 일하는 그는 자정에 서둘러 집으로 달려가 함께 축배를 들었을지도 모른다. 200만 달러라니! 그건 특별한 복권에 대한 그들의 몫이었다.

– 메리 히긴스 클라크, 《운수 좋은 날 That's the Ticket》

메리 히긴스 클라크는 복권을 주제로 한 이야기를 즐겨 쓴다. 그녀가 설명하듯 복권은 누가 당첨되든 상금을 모두 받아가기 때문에 이야기의 구성에 끝없는 아이디어를 제공한다.

가난한 어니는 바에서 술에 취해 늙은 매춘부에게 당첨된 복권을 빼앗긴다. 이 소설을 읽어보면 전반부는 복권을 달라고 어니를 설득하는 매춘부의 행동에 마음 졸이며 보게 되고, 후반부는 그의 아내 월마가 복권을 어떻게 도로 찾아올 것인지에 대해 조바심을 내며 보게 된다.

글을 쓰는 데 있어 돈이라는 소재는 - 상금을 타거나 잃어버리거나 훔치거나 벌어들이든 - 흥미로운 요소 중 하나이다. 사람들은 보통 일확천금을 꿈꾸며 어마어마한 상금이 걸린 게임에 참여하거나 어니와 월마처럼 복권을 구입한다. 그런 욕구는 새삼스러운 일이 아니다.

황금, 보물, 왕자, 공주 등이 등장하는 동화 및 고전 문학에도 돈은 빠지지 않는다. 《보물섬》《알라딘》《솔로몬 왕의 금광King Solomon's Mines》 등을 생각해보라.

대실 해밋의 소설을 바탕으로 한 존 휴스턴 감독의 대작 〈몰타의 매The Maltese Falcon〉에서 한 경감이 몰타의 매의 조각상을 들어 올리며 이렇게 묻는다. "정말 무겁군요. 도대체 이게 뭡

니까?" 그러자 냉소적인 샘 스페이드 역할을 맡은 험프리 보가트는 이렇게 대답한다, "꿈을 만들어내는 물건이오."

몰타의 매 조각상은 가짜임이 드러나고 그것을 탐낸 사람들은 – 물론 그래야 하듯이 – 비참한 최후를 맞게 된다. 엄청난 부를 얻을 수 있다는 불문율에 관해서는 그럴 만한 자격이 안 되는 이가 없어야 한다. 이것이 작가들에게는 어느 정도 난제가 된다.

한편, 인간의 갈망과 욕구로 채워지는 소설에는 많은 돈이 사람의 희망과 꿈인 것처럼 보인다. 그런 꿈을 탐구하는 것이 소설의 역할이지만 우리는 부富를 축적하는 것 자체가 가치 있는 목적은 아니라는 사실을 내심 잘 알고 있다. 그런 이유로 주인공이 갑작스레 부를 차지하는 결말로 이어지는 이야기는 보통 시시하다.

- 부를 얻으려는 욕구를 비양심적인 등장인물에게 옮길 수 있다. 그런 인물은 보통 죄책감을 느끼지 않고 독자의 욕구를 위한 희생양 역할을 할 수 있다. 이는 악인들이 뻔뻔스럽게 부정한 돈을 취하게 되는 《몰타의 매》를 비롯해 여러 소설에서 활용한 대실 해밋의

기법이다. 결국, 그 돈을 악인들로부터 모두 빼앗아왔을 때 독자는 정의가 살아 있음에 통쾌함을 느낀다.

• 주인공이 부를 얻기 위한 동기에 대해 생각해볼 수 있다. 영화 〈레이더스 Raiders of the Lost Ark〉에서 주인공과 악당 모두 성궤를 찾는다는 똑같은 목적을 지니고 있다. 하지만 악당은 성궤가 대단히 귀중한 유물이며 이를 힘의 도구로 사용할 수 있기 때문에 간절히 원하지만 인디아나 존스의 주요 관심사는 성궤의 역사적 중요성에 있다. 관객의 입장에서는 주인공의 동기가 훨씬 더 받아들이기 좋기 때문에 존스에게 더욱 공감할 수 있다.

• 주인공을 위해 두 가지 목적을 만들어낼 수 있다. 하나는 돈이나 보물에 초점을 맞추는 목적, 다른 하나는 오로지 탐구에 초점을 맞추는 '진짜' 목적이다.

• 주제를 완전히 뒤집어서 이미 부유한 배경을 지닌 등장인물로 이야기를 시작할 수 있다. 그들의 역경이 돈 때문은 아니므로 그런 인물은 매우 인기가 있다. 심지어 관객은 자신과 동일시하고 싶어 한다.

- 주인공이 대의를 위해 자신의 부를 사용하기로 결정하면 어떨까? 질리언 화이트가 쓴 《부유한 사기꾼 Rich Deceiver》의 1장에서 엘리는 복권에 당첨된다. 하지만 그녀는 자기에게 돈을 쓰는 대신 남편 마크를 위해 더 좋은 직장을 몰래 '사주기'로 결심한다. 말할 필요도 없이 엘리의 계획은 잘못되어가고 가장 필요한 것을 돈으로 살 수 없다는 진실을 그녀는 깨닫는다.

- 영국의 전설적인 노상강도인 딕 터핀을 부자의 물건을 훔쳐 가난한 사람에게 나눠주는 인물로 구상한 소설이 있었다. 필요 이상을 가졌거나 콧대를 꺾어줄 필요가 있는 사람들이 늘 표적의 대상이었기 때문에 모두가 노상강도의 모습을 좋아했다.

BBC의 드라마 시리즈 〈허슬 Hustle〉은 다섯 명의 전문 사기 예술가가 부자에게서만 물건을 훔친다는 내용을 담고 있다. 고전을 좋아한다면 빅토리아 시대의 신사 도둑 A. J. 래플즈가 주인공으로 등장하는 E. W. 호닝의 〈의적 래플즈 Raffles〉 시리즈, 로렌스 블록의 베르니 로덴바르 미스터리 시리즈를 살펴보면 된다.

5분 글쓰기 연습

돈이라는 주제를 탐구하기 위해 돈을 핵심어로 사용하면서 5분 동안 창의적으로 탐색해보라. 지금까지 돈에 대해 어떠한 느낌을 갖고 있었나? 돈에 대한 사고방식은 어떠한가? 돈을 빌려주는 것과 돈을 빌리는 것에 대해 어떻게 생각하는가? 복권에 당첨된다면 무엇을 할 것인가?

창의적인 탐구를 끝냈으면 종이 한 장에 돈에 관한 글을 쓰고 밤에 잠을 잘 때나 낮잠을 자기 전에 베개 밑에 넣어둔다. 이렇게 하는 이유는 잠자기 직전에 생각한 것을 무의식으로 끌어와 마음껏 끓어오르게 할 수 있기 때문이다.

돈은 흔히 감정을 자극하는 주제이므로 의식적인 마음이 '받아들일 수 없는 상태'라고 여기는 생각을 사라지게 한다. 이런 접근 방법은 두뇌의 의식적인 작용으로 생겨난 장애물을 건너뛰어 더 넓은 범위의 소재로 다가가는 것을 돕는다.

주목할 점: 의미 지도semantic mapping라 부르는 창의적인 탐색은 빈 종이의 한가운데에 촉매 역할을 하는 단어나 주제를 써서 그것을 이용해 연상 단어, 사고, 감정을 무수히 만들어내는 기법이다. 생각이 하나씩 떠오를 때마다 그것을

적고 원을 그리고 연관성 있어 보이는 단어들끼리 줄을 긋는다. 종속된 아이디어들이 하나의 큰 망을 이룰 때까지 이 작업을 계속한다.

내 학생들은 흔히 이런 망을 방사형 도형이라 부른다. 토니 부잔은 그것을 '마인드 맵'이라 칭하고 그 용어를 상표로 등록했다. 그 기법 자체는 굉장히 오래됐으며 눈에 보이는 효과마저 있다. 어떤 상상의 도표나 훨씬 많은 자료를 원한다면 마인드 맵을 검색해보라.

20

색상 표현하기

글을 쓸 때 색상을 어떻게 인식하는가? 색상은 상징적 가치와 문화적 의미를 풍부히 담고 있다. 예를 들어 서구 사회에서는 검은 옷이 전통적으로 힘과 공격성과 연관되어 있고 또 이런 연관성이 검은색 옷을 입은 사람들에게 심리적인 영향을 미친다.

유니폼 색상이 스포츠에 미치는 영향을 연구하는 심리학자들은 검은색 옷을 입은 팀들이 더욱 공격적으로 행동했고 반칙을 범하는 면에서 리그의 상위권에 오른다는 사실을 알아냈다. 다른 색 유니폼에서 검은색 유니폼으로 갈아입은 팀은 즉시 반칙수가 증가했다.

물론, 여러분은 심판이 검은색 유니폼을 입은 팀이 더욱 공격적이라 예상하고 그에 따라 그 팀에게 벌칙을 부과하기 때문이라고 주장할 수 있다. 하지만 또 다른 연구는 경기에서 검은색 옷을 입는 행위만으로도 대학생들의 태도가 바뀐다는 사실을 밝혀냈다. 그들은 검은색 옷을 입은 탓에 대진표에서 더욱 공격적인 게임을 선택했다.

색상은 의식하지 않을 때에도 감각을 활성화시킬 수 있다. 예를 들어 노란색은 즐거운 색상이다. 그래서 식품회사는 아이들을 겨냥한 과자류나 제품에 노란색을 사용한다. 붉은색은 기분을 들뜨게 하는 반면, 푸른색은 기분을 차분하게 한다.

또한 색상은 바람직하고 매력적인 것을 상징하는 명칭을 갖는다. 치즈케이크, 애플파이, 소프트 캐러멜 등으로 불리는 색상은 음식에 의존하는 사람의 성향을 활용한다. 이와 마찬가지로 소설에서 사용하는 색상 명칭은 독자의 경험을 만들어내고 특정 이미지를 만드는 데 도움이 되는 강력한 도구들이다.

그레이비 브라운은 커피 브라운과 같은 이미지를 불러일으키지 않는다. 질리언 화이트의 《나이트 비지터 Night Visitor》에 나오는 다음 두 예문을 살펴보라. 가족 모임을 위해 부모님 댁에 도착한 데이지의 시점에서 쓰인 두 편의 글은 그녀와 관련된 미묘한 메시지를 전달하기 위해 색상을 사용한다.

제시는 이미 여기에 도착했다. 그녀의 아주 더러운 붉은색 미니스커트는 열려 있는 문 쪽에서 질질 끌려 들어온 쓰레기와 – 구겨진 셀로판 종이, 워커스 소금, 식초, 감자칩 빈 봉지, 갈색으로 변한 사과 – 함께 버려져 있었다. 병약해 보이는 보청기 베이지 색상인 할머니의 끔찍한 닛산은 그녀의 특별한 장소에 아주 조심스럽게 주차되어 있었다.

이 글에서 표현된 세부 묘사는 제시와 할머니에 대한 데이지의 인식을 더 많이 드러내고 있다. 베이지색 자체는 무채색에 가깝지만 병약해 보이는 보청기 베이지색은 데이지가 장애의 관점으로 할머니를 인식한다는 사실을 암시한다. 데이지가 아주 더러운 붉은색과 병약해 보이는 베이지색을 사용한 의미를 알아차리지 못하는 독자가 있을지 모르지만 두 가지 색은 모두 이야기의 끝을 향하는 단서인 그녀의 내적 상태를 사실상 정확하게 반영하고 있다. 다음 구절은 더 많은 정보를 알려준다.

> 그들의 작은 마을과 주변은 영국 시골의 중심에 위치한다. 그곳에는 언덕이 많은 길과 봄철에 꽃이 계속 자라는 산울타리가 있다. 움푹 꺼진 곳에는 시골집이 있고 둔덕 위에는 농장이 있다. 아주 기분 좋게 퍼져 있는 푸른빛은 이제 겨울이 되면 커피와 초콜릿과 맥아의 빛으로 변할 것이고 포장지 같은 하늘은 엷은 푸른색과 금빛을 띠고 있다.

여기에서 작가인 화이트는 고향과 주변 환경에 대한 데이지의 관점을 특징짓기 위해 어린 시절의 편안함으로 — 우유로 만든 음료와 선물 — 계속 활용하게 된다.

이러한 묘사는 이전 예문에서 선보인 다소 씁쓸하고 비뚤어진 함축적인 묘사와 매우 다르다. 색상을 단순하면서도 재치 있게 사용한 이런 묘사를 통해 독자는 데이지를 어린 시절의 안정감에 깊이 집착하는 젊은 여성으로 인식할 수 있다.

 글쓰기 연습

다음 감정들 중 하나를 골라라.

행복, 분노, 증오

슬픔, 희망, 반감

사랑, 두려움

향수, 지루함

소설 속 배경을 하나 선택하라. 그 배경은 사람을 포함할 수도 있고 인적이 끊긴 고립된 장소가 될 수도 있다. 여러분이 결정할 일이다. 이제 선택한 감정을 느끼는 등장인물의 시점에서 배경을 묘사해보라. 많은 색상을 포함시키고 감정에 잘 맞는 색상 표현들을 만들어본다.

다소 따분하고 비관적인 분위기를 암시하는 고속도로 회색은 길거리 회색보다 훨씬 더 기분을 들뜨게 하는 것처럼 보인다. 명백한 방식보다 함축된 방식으로 등장인물의 감정을 전달하는 것이 목적임을 명심한다.

21
:

감정을 이끌어내는 그곳

히피 문화가 정점을 찍었던 1960년대에 제작된 한 영화에서 카스라는 젊은 아일랜드 여성이 해변에 자리 잡은 텅 빈 술집으로 걸어 들어가 거울에 '이곳에서 난 행복했다'라고 쓴다. 참으로 가슴 저미는 행동이다.

사랑하지 않는 남자와 결혼한 카스는 그녀의 고향인 해안가로 돌아왔지만 더 이상 자신이 속할 곳이 없다는 사실만 깨달았을 뿐이다. 신나는 일을 쫓아다니는 많은 10대들처럼 그녀도 한때 따분한 마을에서 멀리 떨어진 도시에 자신의 미래가 있다고 믿었다. 하지만 낮에는 런던의 한 차고에서 일하고 밤에는 자취방에서 홀로 지냈던 카스는 그녀가 사랑했던 모든 것으로부터 멀리 떠내려가고 있다.

뚜렷했던 어린 시절의 발자취를 따라 거닐면서 그녀는 과거가 흘러갔다는 사실을 받아들여야 한다. 옛 남자친구는 이미 약혼했다. 이제는 떠나야만 한다. 그렇지만 그녀는 여기서 행복했기에 머물러 있는 것만으로도 옛 추억이 떠올라 가슴 한 구석이 복잡 미묘해진다.

사라 마일즈가 카스 역을 맡은 영화, 〈이곳에서 난 행복했다 I was Happy Here〉는 배경, 인물, 경험이 복잡하게 얽혀 있는 대표적인 작품이다. 장소에 대한 추억을 다룬 또 하나의 예로 요크셔의 황량한 들판을 담아낸 〈폭풍의 언덕 Wuthering Heights〉 속 히스클리프와 캐서린의 방황하는 모습을 떠올려볼 수 있다. 매년 수천 명의 방문객들이 분위기에 흠뻑 젖어 그 험악한 언덕을 오른다.

방문객들은 히스클리프를 보고 싶은 것일까? 어떤 사람은 장소가 그곳을 방문한 적이 있는 사람들이 남기는 초자연적인 지문을 간직한다고 믿는다. 존 스타인벡의 《찰리와 함께한 여행 Travels with Charlie》에 따르면 성격도 벽에 스며들어 서서히

표출된다고 한다.

여러분이 믿거나 말거나 장소가 감정을 이끌어내는 힘이 있다는 사실에는 의심의 여지가 없다. 윈체스터에 위치한 내 고향에는 특정한 테마를 살린 몇몇 바들이 있다. 그중 한 곳에 들어가 보면 아일랜드에 와 있는 것 같고 또 다른 곳은 중세 영국에 있는 것처럼 느껴진다.

미국의 사업가 캐시 크리거가 100만 달러를 빌려 모로코의 도시 카사블랑카에서 실제로 '릭의 카페Rick's Cafe'를 열었는데 그곳을 방문했을 때 느껴질 감정을 생각해보라. 원래 카페는 험프리 보가트가 주연한 영화 〈카사블랑카Casablanca〉에 등장했다. 크리거는 영화를 꼼꼼히 연구해 세부적인 부분까지 그 느낌을 내려고 무척 노력했다고 한다. 그곳에는 고객이 요청하면 '카사블랑카여, 다시 한번Play it, Sam'을 연주해주는 피아니스트도 있다.

작가들이 이야기를 창조해나가기 위해 배경을 사용하는 사실은 놀라운 일이 아니다. 글래스고에서 대하소설을 쓸 만반의 준비를 마친 매기 크레이그는 이렇게 말한다. "나는 내가 글로 쓰고 싶은 도시의 일부를 골라 분위기를 흡수하고 지형을 느끼기 위해 막 돌아다녀요. 그와 동시에 사진을 찍고, 노트에 그 장소에 대한 인상을 적어놓지요. 그리고 집으로 돌아가면 '영감을 주는 게시판'이라 부르는 작업을 시작하죠."

다양한 장르의 글을 쓸지라도 P.D. 제임스는 장소가 이야기를 만들어내는 촉매 역할을 한다는 사실을 잘 알고 있다. "나의 소설은 변함없이 배경으로 시작하는데 이는 《그녀의 얼굴을 가려라Cover Her Face》를 쓴 후부터 그렇게 해왔습니다. 배경이 인물로 이어진 후 그 다음에야 살인 목적, 용의자, 알리바이, 플롯 등에 대해 생각합니다."

상상력을 자극하는 장소의 힘은 뇌가 감정을 불러일으키는 물질을 저장하는 방식과 연결될 수 있다. 극단적인 예는 우리가 극적인 사건을 기억한다는 점이다.

1997년 어느 날 미국에서 아침식사를 하려고 줄을 서서 기다리고 있었을 때 다이애나 왕세자비의 사망 소식을 들었던 적이 있다. 누군가가 〈USA 투데이〉 한 부를 들고 있었고 그 헤드라인이 내 눈에 띄었다. 그 순간의 이미지는 내 머릿속에 각인되어 있다. 왼쪽에는 초콜릿 칩 머핀이 담긴 쟁반이 있었고 오른쪽에는 커피를 마시는 한 남자, 오렌지와 자몽 주스가 담긴 병들, 고리 버들 바구니에 담긴 시리얼 봉지 등이 있었다.

이와 유사하게 많은 사람들이 세계무역센터의 붕괴나 케네디 대통령 암살에 대해 들었을 때 그들이 어디에 있었는지 정확히 기억해낸다. 심리학자들은 이를 '섬광 기억'이라 부르는데 놀라운 사건에 대해 상세하게 기억하는 능력을 말한다.

유령을 경험한 적이 없을지라도 특정 장소에 대해 좋은 생각이 떠오른다면 그런 추억은 스토리를 이어나가는 데 유익한 원천이 될 수 있다. 이를 작품에 사용하지 않는다면 어리석은 일일 것이다. 스티븐 킹은 자신의 회고록인 《유혹하는 글쓰기On Writing》에서 그가 가장 좋아하는 장소 중 하나에 대해 이렇게 말한다.

> 언덕에서 한 블록 내려가면 테디스 마켓에서 멀지 않은 버리츠 건재상 건너편에 풀들이 서로 뒤엉켜 있는 큼직한 벌판이 있었다. 그 벌판 건너편에는 폐차장이 있었고 벌판 한가운데에는 기찻길이 나 있었다.
>
> 그곳은 내 상상 속에서 계속 떠오르는 장소 중 하나이다. 벌판은 다양한 이름으로 내 소설 속에 반복해서 등장한다. 소설 《그것It》에 나

오는 아이들은 그곳을 황무지라 불렀고 우리는 그곳을 정글이라 불렀다.

5분 글쓰기 연습

다음 각 장소를 설명할 목록을 만들어라. 여기 몇 가지 예시가 있지만 더 추가하거나 원하는 대로 바꿀 수 있다.

행복했던 장소
비참했던 장소
화났던 장소
첫 키스/첫 섹스 경험을 한 장소
마음을 들뜨게 한 장소
안전함을 느꼈던 장소
공포감을 느꼈던 장소
외로움을 느꼈던 장소
돌아가고 싶은 장소
현재 싫어하는 장소나 과거에 싫어했던 장소
다시 보고 싶지 않은 장소

사랑을 받는다고 느꼈던 장소

매우 좋아했던 장소

친구를 사귀었던 장소

적을 만들었던 장소

아팠던 장소

충격을 받았던 장소

영감을 받았던 장소

중요한 물건을 잃어버렸던 장소

불편하거나 짜증이 났던 장소

가능하다면 살고 싶은 장소

좋아하는 책이나 영화로부터 기억나는 장소

22

배경이 탄탄해야 한다

 작가는 등장인물의 배경에 대해 깊이 생각해야 하지만 독자는 그들에게 발생하는 사건의 전개과정을 더 좋아할 뿐이다. 알려주기 방식이나 회상 장면으로 구성한 배경 이야기는 사실상 이야기가 진전되는 것을 멈추게 하고 독자가 원하는 것과 정확히 반대의 지점으로 진행된다고 할 수 있다.

 소설에 약간의 배경 이야기 및 몇몇 회상 장면을 넣는 것은 좋다. 그러다 보니 장편이나 단편 소설은 대부분 적어도 한두 개의 배경 이야기를 포함한다.

 작가 양성 수업에 참여 중인 한 학생에게 이런 문제가 있었다. 시작이야 어떻게 되었든 그는 몇 문장만으로 과거로 급히 돌아가는 이야기를 쓰곤 했다. 그래서 미래는 누구도 예측할 수 없는 미지의 영역이 되어버렸다. 등장인물이 상황을 어떻게 극복하는지를 보여주는 대신, 해명으로만 횡설수설하다가 엉망진창이 되고 말았던 것이다.

표백제 광고에서 치명적인 얼룩을 없앤다고 말하듯 다음 '5분 글쓰기 연습'은 치명적인 배경 이야기를 없애기 위해 만들어진 것이다.

5분 글쓰기 연습

우선 등장인물부터 정하라. 성별과 나이를 결정하되 이름은 생각하지 않는다. 이제 그 인물이 잠에서 깨어나 어떻게 어느 지점에 도착했는지를 기억하지 못한다고 상상해보라. 요컨대 그들은 기억을 잃은 것이다. 기억하지 못하는 상태에서 그들은 과거를 떠올릴 수 없다. 더욱 중요한 것은 여러분이 과거에 대해 쓸 수 없다는 점이다. 대신 앞으로 무슨 일이 일어날지에 관한 글만 쓰면 된다.

23

그들의 기분을 읽어라

 등장인물을 단단히 부여잡고 있기 어려운가? 어울리는 이름과 멋진 집을 부여하는 노력에도 불구하고 그들은 어둠 속에서 꼭꼭 숨어 있을지 모른다.

 하지만 걱정할 필요 없다. 해결책은 동물의 세계에서 찾을 수 있다. 여러분이 몬티 로버츠와 같은 '호스 위스퍼러_{말의 기분을 읽는 사람}'가 야생마를 어떻게 길들이는지를 본 적이 있다면 뚫어지게 쳐다보거나 쫓아가려고 했을 때 말이 이리저리 날뛰다가 도망친다는 사실을 알 것이다. 말과 친해지기 위한 비결은 말을 외면하여 말이 사람에게 다가오게 하는 데 있다.

이와 똑같은 기술은 까다로운 등장인물들에게도 종종 효과가 있다. 어느 늦은 밤 뜨거운 욕조에 몸을 담그고 있었을 때 아주 우연히 이를 발견했다. 매우 지쳐서 잠이 들 지경이었던 나는 집필할 계획이었던 소설의 등장인물에 대해 생각하기 시작했다. 바깥에는 바람이 불고 있었고 나는 욕조 속에서 창문 밖의 나무가 바스락거리는 소리를 들으면서 그저 주인공을 상상하고 있었다.

그때 갑자기 이상한 일이 일어났다. 소설 속 주인공이 욕조에서 나오더니 분홍색 타월을 몸에 두르고는 바로 옆 부엌으로 들어가는 것이 아닌가? 난 분명 분홍색을 싫어하는데 도무지 그녀가 무엇을 하고 있는 것인지 알 수 없었다. 상황을 파악하려고 애쓰고 있을 때 무거운 발걸음 소리가 부엌문 밖에서 들리더니 한 남자가 들어와 소리쳤다. "도대체 내 양한테 무슨 짓을 한 겁니까?" 그 후 두 사람은 말다툼을 하기 시작했다.

소설을 집필하면서 이 장면은 넣지 않았다. 줄거리에 어울리지 않았기 때문이다. 그 대신 매우 다른 세계에 속했던 두 등장인물에 대한 통찰력을 얻은 것만으로 감사했다. 그녀는 도시 출신이었고 그는 시골 출신이었다.

  나는 그 두 인물이 그런 식으로 나타나기를 청한 적이 없었다. 말들이 갑자기 다가와 어깨를 툭 치는 것처럼 소설 속 인물도 여러분의 의식이 깜빡 졸고 있을 때 행동을 보여줄 것이다. 등장인물이 잘 받아주지 않는다면 다음 글쓰기 연습을 해보라.

5분 글쓰기 연습

1단계

마음을 느긋하게 먹은 뒤 안정을 취하라. 이렇게 하기 어려우면 개나 고양이를 어루만지거나 수족관 속 물고기들을 본다고 상상하면 된다. 이는 실제로 심장 박동 수나 혈압을 낮추는 활동들이다. 편안한 장소에 앉거나 누워서 깊은 숨을 들이쉬고 그저 몸이 아래로 가라앉게 한다. 부드럽게 흐르는 물소리가 긴장을 풀어주는 것 외에 햇살이 따뜻한 야외 장면을 마음속에 그려보라.

2단계

이제 사고를 마음에 떠오르는 배경 속 등장인물로 흘러가게 하라. 그리고 그 인물에 관한 그림을 그려본다. 어떤 종류의 신발을 신고 있는가? 머리 길이는 어떠한가? 옷은 말쑥한가, 허름한가? 인물에게서 어떤 종류의 향기가 나는가? 잠시 동안 인물의 태도에만 집중하고 대답이 올 것이라 기대하지는 마라.

3단계

이제 매주 우리에게 일어나는 그런 일상적인 상황을 생각해보라. 행인들이 지나가는 거리 한 모퉁이에서 모금을 위한 벨을 딸랑거리며 서 있는 자선단체의 멤버가 될 수 있다. 아니면 상점에서 엄마를 기다리며 울고 있는 길 잃은 아이일 수도 있다. 오늘밤 저녁식사를 준비하기 위해 슈퍼마켓에 다녀오는 주부일 수도 있다.

상황을 선택하여 등장인물을 단순히 그 안에 배치해보라. 예를 들어 등장인물이 자선단체 모금함이 있는 거리 쪽으로 걸어가고 있다면 그곳에 도착할 때 무엇을 할 것인가? 그냥 지나칠지도 모른다. 아니면 가던 길을 잠시 멈추고 모금함 안에 뭔가를 집어넣을 수도 있다. 그 인물이 원하는 것을 하게 하라. 이는 여러분이 쓰고 있는 이야기가 아니다. 등장인물이 알아서 행동하도록 그냥 두어라.

이렇게 연습하면 등장인물이 나름대로의 모습으로 변할 가능성이 있다. 알다시피 소설 속 인물은 소설 자체가 그러하기 때문에 압박을 받은 상태에서 행동한다. 하지만 등장인물을 제대로 알기 위해서는 그들이 소설의 제약에서 벗어나 어떤 모습을 하고 있는지를 알아야 한다.

24

기회를 꽉 잡아라

앤 타일러의 《세월의 사다리Ladder of Years》를 읽어보면 엘리라는 여성의 유방에 종양이 생겼음을 알 수 있다. 의사로부터 그 종양이 암이라는 사실을 통보받은 그녀는 과감한 행동을 취하기로 결심한다. 소설 속 한 인물이 다른 사람에게 이렇게 설명한다.

그래서 그녀는 집으로 가서 남편에게 이렇게 말했어요. "내게 남은 시간동안 삶을 최대한 잘 보내고 싶어요. 정확히 내가 늘 꿈을 꾸었던 일을 하고 싶어요." 그리고 해가 질 무렵 그녀는 짐을 꾸리고 떠났어요. 그것이 그녀의 가장 깊고도 가장 간절한 바람이었지요. 무슨 그런 일이 다 있을까요?

그녀는 지금 어디에 있는데요?

아, 그녀는 켈러턴에서 TV 기상 캐스터로 일하고 있어요. 그런데 그 종양은 전혀 문제가 되지 않았어요. 수술로 모두 제거되었으니까요.

현실에서 우리는 흔히 익숙하면서도 제한적인 존재의 유형에 사로잡혀 있다. 사람들은 누구나 꿈이 있지만 결정적인 시기가 당도했을 때 얼마나 그 꿈에 다가갈 수 있을까? 우리는 흔히 '아직 적절한 때가 아니야. 지금은 할 수 없으니 나중에 생각할게'라고 말한다. 그러다가 세월이 흐른 뒤에 후회하고 앞으로 나아가는 대신 삶을 뒤돌아보게 된다.

엘리 같은 사람은 무감각 상태에 있다가 특정한 사건으로 충격을 받아 할 수 없다고 여기던 것을 갑자기 할 수 있는 것으로 바꾸는 깨달음을 얻는다.

이것은 앤 타일러 소설의 주제로 '날고 싶은 바람과 머물려는 결심 사이의 갈등'이라는 강한 흥미에 따른 영감이라 할 수 있다. 그녀의 책에서 독자들은 실제로 감당할 필요 없이 과감한 행동의 결과를 탐험할 수 있다.

모든 소설은 독자에게 이런 간접적인 경험을 제공한다. 그리고 장편이나 단편 소설은 모두 여행하지 않고도 길을 나설 수 있는, 말하자면 주인공의 시점을 통해 여러 삶을 탐험할 기회를 제공한다.

그렇다. 여러분도 신데렐라처럼 무도회에 갈 수 있다. 원한다면 달에 갈 수도 있다. 레이 브래드버리는 《화성 연대기The Martian Chronicles》에서 그렇게 했다. 여러분은 원하는 것이 무엇이든 모두 할 수 있다.

하지만 우선 창의력을 키울 가능성의 범위를 넓히는 연습부터 해야 한다. 다음 글쓰기 연습을 해보라.

5분 글쓰기 연습

모노폴리 게임을 해본 적이 있는가? 특정 네모 칸에 도착했을 때 찬스 카드를 획득할 수 있다. 그 카드를 가지게 되면 또 다른 네모 칸으로 이동하거나 석방 카드를 얻을 수 있고 아니면 결국 주차위반 벌금을 지불할 수도 있다.

그 찬스 카드를 뽑아 기회를 가져보라. 글쓰기 연습을 위해서는 자신만의 여러 찬스 카드를 만들어내야 한다. 각각의 카드 위에 하고 싶은 것, 가고 싶은 곳, 되고 싶은 사람 등을 적어둔다. 여러분이 적어놓은 내용이 실현 가능한지에 대해서는 걱정할 필요가 없다. 그냥 적어두어라.

이런 식으로 각각의 카드는 하나의 평행한 우주를 상징할 것이다. 그 안에서 여러분은 현실에서 결코 해볼 수 없는 일을 마음껏 탐험하면 된다. 다음과 같이 실컷 모험을 즐겨보라.

- **특정한 테마를 살린 음식점을 열고 싶다.**
- **반대의 성性을 갖게 되면 어떤 느낌일지 경험하고 싶다.**
- **K2에 오르고 싶다.**
- **뭔가를 정말 잘하고 싶다.**

경험하고 싶지 않는 일, 가고 싶지 않은 곳(감옥일까?), 되고 싶지 않은 사람 등을 적어놓은 카드도 만들어본다.

원하는 만큼 많은 카드를 만들어 새로운 아이디어가 떠오를 때마다 추가하라. 그 다음, 카드를 모두 섞어 그중 무작위로 하나를 골라 영감을 받은 내용을 5분간 글로 써보라.

예를 들어 '호주에서 필라테스를 가르치고 싶다'를 골랐다면 하고 싶은 것을 이렇게 상상해본다. '그곳에서의 삶은 어떻게 달라질까? 누구를 만날 것인가? 여가시간에 무엇을 할 것인가? 어디에 살 것인가?'

이런 글쓰기 연습을 할 때 아는 것을 쓸 필요는 없다. 마음껏 상상하고 탐구하는 데 그 목적이 있다. 이 글쓰기는 여러분 지식의 빈자리를 드러낼 것이고 원한다면 그 빈자리를 메울 수 있다.

'산에 오르는 인물을 창조하고 싶다면 직접 산에 오르기만 하고 산 정상까지 갈 필요는 없다.' 카드를 뽑아 기회를 잡아라. 그 카드가 어디로 이끌지는 아무도 모른다.

25

두 얼굴의 인물 창조하기

마음에 들 것이라고 생각했던 사람이 전혀 마음에 들지 않은 적이 있는가? 또는 반대로 몹시 싫어할 것 같았던 사람이 자신도 모르게 점점 좋아지게 된 적이 있는가?

그런 일은 일어날 수 있다. 사람들이 우리의 다양한 모습을 인식하고 반대로 우리도 그들의 다양한 모습을 인식한다. 이런 현상은 사랑에 빠질 때 가장 분명해진다. 예를 들어 만난 지 얼마 안 된 두 남녀가 '우리는 하나'라고 생각할 때 "아, 우리는 믿을 수 없을 정도로 영혼이 통하는 그런 완벽한 사이야"라는 말을 자주 하게 된다. 물론 나중에는 두 사람의 차이가 드러나기 시작하고 영혼이 통하는 사람은 '이기적인 나쁜 놈'이 되거나 '냉정한 년'이 되고 만다.

물론, 우리는 어느 누구도 세상에 한쪽 면만 보여주면서 살지는 않는다. 결과적으로 아무리 즐겁거나 불쾌한 상황에 놓여 있더라도 미움을 받기도 하고 사랑을 받기도 한다.

소설에서 가장 그럴듯한 인물이 가장 강한 성격을 갖고 있는 것은 아니다. 사실 등장인물이 자신의 단점을 이겨낼 수 없으면 다소 따분하게 보일 수 있다. 하지만 반드시 그렇지만은 않다. 가장 그럴듯한 인물은 현실 속에서 모순 덩어리를 제공하는 사람들이다.

인물의 생생한 특성은 독자가 그들을 전적으로 좋은 사람이거나 전적으로 나쁜 사람이 아닌 복잡한 인물로 인식하는 데서 비롯된다. 그런 인물을 창조해내기 위해 작가는 인물의 여러 관점이나 상반되는 관점 사이를 쉽게 이동할 수 있어야 한다.

5분 글쓰기 연습

흑백논리가 아닌 다양한 관점으로 등장인물을 파악하는 능력은 생동감 넘치는 캐릭터를 창조하려는 작가에게 무척 중요하다. 이 연습은 등장인물에 대한 통찰력을 제공하고 일어날 수 있는 내적 긴장감에 대한 인식을 키우며 고정관념에서 벗어나는 글을 쓰는 데도 도움이 된다. 최대 효과를 위해서 자신을 하나의 예로 활용해보는 것이 중요하다.

여러분을 좋아하는 사람의 관점에서 자신에 대해 약 500단어의 분량으로 묘사해보라. 글을 완성했다면 여러분을 싫어하는 사람의 관점에서도 동일한 방식으로 묘사해본다.

자신에 대해 이런 연습을 해보면 많은 것을 깨달을 수 있다. 여러분은 한 사람이 아닌 두 사람이 될 수도 있다. 예를 들어 어떤 사람은 추진력이라 생각하는 것이 다른 사람에게는 일중독일 수 있다. 해석에 따라 특성이 달라질 수 있다는 사실을 이해할 수 있다.

이 연습을 자신에게 시도해보았다면 이제 활기를 불어넣고 싶은 두 명의 등장인물에게 시도해보라. 그러고는 모든 등장인물에게도 적용해본다. 이 연습이 얼마나 성과가 있는지는 확인해보면 놀랄 것이다.

26

작은 변화로 삶을 바꾸어라

    삶을 변화시키는 중요한 사건들에 대해 생각해볼 때 우리는 대체로 출생, 죽음, 결혼, 자녀 출산 등을 떠올린다. 어쩌면 이런 이유로 많이 초보 작가들이 소설 속에 이러한 소재들을 포함시키곤 한다. 그렇지만 삶은 세부적인 사건들로 촘촘하고도 다양하게 이루어져 있다.

    1980년 세계적인 베스트셀러 《전장의 꽃 Flowers of the Field》을 쓴 사라 해리슨에 관한 기사를 읽은 적이 있다. 해리슨은 다시 성공해야 한다는 엄청난 부담감 탓에 슬럼프에 빠지면서 작품 활동을 거의 멈추어야 했다고 고백했다.

그렇다면 과연 그녀의 해결책은 무엇이었을까? "이러한 어려움을 이겨내고자 당신은 무슨 일을 했나요?"라고 질문 받았을 때 해리슨은 이렇게 대답했다. "23년 전, 운동화 한 켤레를 샀답니다. 그리고 조깅을 함으로써 슬럼프에서 벗어나 삶을 통째로 뒤바꿀 수 있었습니다."

그녀의 두 번째 소설인 《자유의 꽃 A Flower that's Free》이 전작에 미치지 못했을지 몰라도 여전히 엄청난 성공을 거두면서 해리슨은 지금까지도 저술 활동을 이어오고 있다.

모든 사람의 삶은 변화를 위한 작은 기회들로 가득하다. 다른 길로 가고자 결정했을 때 고속도로가 아닌 울퉁불퉁한 길 위에서 멀미가 날 정도로 덜컹거리기도 하겠지만 고속도로에만 머물렀다면 경험할 수 없었을 새로운 세상이 기다리고 있다는 사실에 설레지 않은가? 앤서니 라빈스는 《네 안에 잠든 거인을 깨워라 Awaken the Giant Within》에서 이렇게 말한다.

> 오늘 여러분의 삶의 질을 즉시 변화시키거나 향상시킬 수 있는 결단을 내려라. 미뤄 왔던 것을 지금 실행으로 옮겨라. … 새로운 기술을 습득하라. … 수 년 동안 연락하지 못했던 사람에게 전화를 걸어

라. 모든 결정에는 결과가 따른다는 사실을 명심하라.

  소설은 이야기의 경계를 넘어 등장인물의 미래를 상상할 수 있게 하는 다양한 움직임을 바탕으로 번성한다. 그렇다고 등장인물의 삶을 모두 알려줄 필요는 없다. 예를 들어 사라 해리슨이 소설 속 인물이었다면 그녀가 처음으로 운동화를 신고 달리는 장면에서 끝을 맺을 수도 있다는 것이다.

5분 글쓰기 연습

지금 당장 삶에서 일어날 수 있는 작은 변화의 목록을 작성해보라. 변화가 반드시 중요할 필요는 없다. 새로운 헤어스타일을 선택하는 것, 다락방을 청소하는 것, 한 번도 읽어보지 못한 책을 읽어보는 것 등 간단한 일이 될 수도 있다. 나라면 '댄스 강좌 등록하기'를 목록에 넣을 것이다. 카우보이로 가장한 서구식 복장으로 춤추고 싶기 때문이 아니라 운동이 좀 필요하기 때문이다. 헬스클럽은 지루하고 무술은 너무 힘들다. 더욱이 사라 해리슨이 조깅을 처음 시작했을 때의 나이보다 내가 20살은 더 많으니까 가벼운 댄스 정도가 딱 알맞은 것 같다.

하지만 그 작은 변화가 어디로 이끌지 누가 알겠는가? 여러분의 변화가 어디로 이어질지는 아무도 모른다. 탐험하기 위한 하나의 변화를 선택하라. 그것으로 짧은 글을 쓰거나 나중에 쓰고 싶은 단편소설을 계획하는 데 활용해보라.

27

껍질을 깨고 나오라

"지금 기분이 어떠세요?"

정신역학 상담을 위한 첫 교육 과정을 들었을 때 이 물음은 어려운 상황에서 발생하는 감정 반응을 탐구하는 데 도움을 주는 표준 질문이었다. 어떤 문제에 대해 느끼는 감정은 문제를 극복하는 법을 배우는 열쇠가 된다. 그리고 깊은 감정이 무엇인지 인정하고 나서야 그 문제를 효과적으로 극복할 수 있다.

그런 감정을 인정하지 않는다면 우리를 불안하게 하는 감정을 효과적으로 차단하게 되지만 이는 '억압'이라는 프로이트의 방어기제가 작용할 뿐이다.

그런데 억압은 힘들었던 기억들 특히 어린 시절에 비롯되는 기억들을 없애는 데 매우 효과적일 수 있지만 그 기억들을 완전히 없애지는 못한다. 미해결 상태인 우리의 무의식에 깊이 들어가 보라.

한 가지 예를 들어본다면 외부와 차단한 채 단단한 껍질로 자신을 보호하는 법을 배우고 자란 아이는 이후 사람들과 친밀한 관계를 맺는 데 어려움을 겪게 된다. 거부당할 것이라고만 생각하기 때문에 자신의 태도에 문제가 있다는 사실을 영원히 깨닫지 못한 채 습관적으로 두려움을 느끼게 된다. 결과적으로 심리치료사들이 '지금 기분이 어떠세요?'라고 질문하는 목적은 그 사람의 현재뿐 아니라 과거도 드러내기 위해서이다.

그런데 이것이 글쓰기와 무슨 관계가 있을까? 작가들 대부분이 – 유명인이든 아니든 – 소설을 쓰게 됨으로써 삶에서 경험한 다양한 갈등과 문제에 맞설 수 있기 때문에 창작에 끌린다고 생각한다. 이는 안전한 환경에서 '자아'를 탐구하는 방법이 된다.

  5세 때 어머니가 가출을 하고 아버지는 '공포의 대상'이었던 어린 시절을 보낸 존 르 카레는 '어린 시절은 작가에게 은행 예치금과 같다'라고 말한 그레이엄 그린의 말을 종종 인용한다. 르 카레의 소설은 특히 첩보원이나 배반자가 된 사람들 가운데 불행했던 어린 시절을 보낸 인물들이 간혹 등장한다. 《독일의 작은 도시A Small Town in Germany》에서 한 정보요원이 '그들은 대부분 어린 시절이 없었는데 그것이 문제인 거죠'라고 말한다.

  물론 작가들은 대부분 소설이 어떤 식으로든 자서전의 특징을 담고 있다는 사실을 부정한다. 자서전의 특징을 보이는 이런 현상은 글쓰기 수업에서 늘 나타나는데 초보 작가들은 내가 그런 문제를 지적할 때마다 종종 놀라곤 한다. "그건 당신이 돈을 주제로 쓴 세 번째 이야기군요. 그 주제가 당신의 뜨거운 쟁점 중 하나인가요?"라고 한 학생에게 물었을 때 그녀는 잠시 할 말을 잃은 채 나를 가만히 쳐다보다가 웃기 시작했다. 그러고는 목에 걸린 펜던트를 보여주면서 "이것 좀 보세요"라고 말했다. 그것은 동전이었다.

그런 일은 쉽게 일어나기 마련이다. 의식적이든 무의식적이든 글쓰기는 우리에게 중요한 것을 이해하는 데 도움이 되는 하나의 방법이다. 동일하거나 비슷한 주제를 재사용하면 풍부한 광맥을 발견할 가능성은 있다. 하지만 많은 초보 작가들에게 그 광맥을 이용하기란 말처럼 쉽지 않다. 그들은 표면상으로는 그런 영역을 기꺼이 탐구하겠지만 쉽게 취약점을 드러낼 우려가 있다.

유감스럽게도 작가를 둘러싼 보호막은 그대로 등장인물로 옮겨가곤 한다. 이는 소설의 참모습이 아니다. 작가 에이전트인 앨버트 주커맨은 《블록버스터급 소설 쓰는 법 Writing the Blockbuster Novel》에서 이렇게 지적한다.

> 소설에서 우리가 가장 즐기는 것은 흔히 눈에 보이지 않는 것들이다. 우리가 열광하는 작가들은 등장인물들의 마음에 대해 깊이 탐구한다.

이 글에서 주커맨은 등장인물의 역할에 대한 동기를 뒷받침해주는 기본적인 인간의 욕구, 두려움, 갈망 등 감정의 깊이에 대해 말하고 있다. 독자는 그 감정 꾸러미에 대한 통찰력을 갖고 난 뒤에야 등장인물을 좋아하거나 이해할 수 있다.

그리고 작가들은 자신의 감정을 이해하지 못하고는 감정의 깊이가 있는 등장인물을 창조할 수 없다. 심리치료사이면서 창의적인 글쓰기를 가르치는 레이첼 발롱은 많은 작가들이 자신의 감정을 표현할 줄 모르기 때문에 등장인물에게 감정을 부여하는 방법조차 잘 모른다고 지적한다. "그들은 자신의 감정을 멀리하거나 그 감정에서 벗어나 있기 때문에 소설 속 등장인물에게 그런 감정을 표현할 수 없습니다."

초보 작가들은 대부분 등장인물에게 감정을 표현하는 데 어려움을 겪지만 그들이 감정을 느낄 수 없기 때문은 아니다. 그렇지만 감정을 느끼는 것과 필요할 때 그 감정에 접근하는 것은 별개의 문제이다.

필요할 때마다 감정을 다시 꺼내는 법을 습득한 뒤에야 우리는 소설 속 등장인물의 감정을 쉽게 표현할 수 있을 것이다. 이와 관련하여 몇 가지 감정에 관한 훈련을 해보자. 다음 글쓰기 연습은 자신의 감정에 접근하여 이를 적극적으로 표현하는 데 도움이 될 것이다.

5분 글쓰기 연습

한 주 동안 매일 '지금 내 감정은…'이라는 말로 시작하는 일기를 써보라. 여러분의 감정은 분명 다양할 것이다. 예를 들어 어떤 날은 직장에서 뭔가를 성취해 행복감을 느낄 수 있고 또 다른 날은 좌절감을 느낄 수도 있으며 분노가 폭발할 수도 있다. 특별한 감정은 중요하지 않다. 중요한 것은 감정에 마음이 열려 있고 정직해야 한다는 점이다. 뭔가를 숨기거나 무시하지 말고 감정 꾸러미를 다시 꺼내서 탐구할 수 있어야 한다.

감정에 대해 한 번도 글을 써본적이 없다면 지금이라도 시도해보라. 감정에 대해 글을 쓰는 것에 익숙해지면 치유 효과가 있다는 사실도 알게 된다.

또한 다른 효과도 있다. 자신의 깊은 감정에 대해 글로 표현하는 일이 단기적이든 장기적이든 건강에 좋은 영향을 미칠 수 있다는 사실이 밝혀졌다. 제임스 W. 페니베이커 박사의 〈비밀 고백: 감정 표현의 치유력 Opening Up: The Healing Power of Expressing Emotions〉을 살펴보라. 스트레스 및 감정과 건강에 관한 연구는 과학계에 잘 알려져 있다.

더 많은 훈련과 실천 기법을 알고 싶다면 루이스 드살보의

《치유의 글쓰기: 우리 이야기가 어떻게 삶을 바꾸어 놓을까 Writing As a Way of Healing: How Telling Our Stories Transforms Our Lives》를 읽어보면 된다.

28

전화 거신 분은 누구세요?

소설을 쓰고 싶은데 플롯이 떠오르지 않는가? 그렇다면 전화를 주의 깊게 살펴보라. 알렉산더 그레이엄 벨이 1876년 3월 6일 '전기로 소리를 전달하는 장치'를 발명한 이후 - 그가 최초로 걸었던 전화의 내용은 '왓슨 군, 이리로 와주게. 자네 도움이 필요해'라는 말이었다 - 의사소통 방식을 완전히 바꿔놓은 전화는 작가에게 끝없는 아이디어를 제공해왔다. 그 아이디어들을 모두 나열하려면 전화번호부 한 권 정도는 될 정도이다.

루실 플레처가 쓴 희곡이지만 영화 및 TV 영화로도 각색된

《살인전화Sorry, Wrong Number》에는 병석에 누워 있는 한 부유한 여인이 전화를 받다가 우연히 두 남자의 살인 계획을 듣게 된다는 장면이 나온다. 그녀는 두 남자 중 한 명이 남편의 목소리란 사실을 알아채고 곧 그녀가 살인 계획의 희생자라는 사실마저 깨닫는다.

뮤리엘 스파크의《메멘토 모리Memento Mori》는 한 늙은 여인이 '당신이 반드시 죽는다는 사실을 기억하라'라는 말을 상기시키는 한 통의 전화를 받는 것으로 이야기를 시작한다. 곧, 그녀의 가족과 친구들이 똑같은 전화를 받기 시작한다.

로버트 코마이어가 쓴《한밤중에In the Middle of the Night》라는 청소년 서스펜스 소설도 전화 장면을 다룬다. 이 소설은 데니라는 이름을 가진 10대 소년이 복수를 꾀하려는 정신병적인 여인에게 집착하는 내용을 담고 있다. 데니가 태어나기 8년 전 핼로윈 때 그의 아버지는 22명의 아이를 살해한 비극적인 사건에 연루되었다. 매년 10월이면 협박 전화가 걸려오기 시작한다. 올해 데니는 아버지가 금지시킨 일을 실행에 옮긴다. 그리고 역시나 한 통의 전화를 받는데….

이런 사례들은 그냥 전화 통화가 아니다. 전화는 수많은 가능성을 제공한다. 드라마 〈닥터 후Doctor Who〉를 생각해보라. 초라한 경찰 비상 전화부스가 닥터 후를 시간과 공간을 초월하여 이동시키는 운송 수단이 된다. 이와 유사하게도 영화 〈매트릭스The Matrix〉에서 네오와 트리니티와 동료들이 그들의 함선으로 다시 순간이동을 하고 싶으면 공중전화부스에서 울리는 전화를 받아야 한다.

대프니 듀 모리에의 동명 단편 소설에 기반을 둔 앨프리드 히치콕의 〈새The Birds〉에서 새들이 끊임없이 티피 헤드런을 공격할 때 그녀는 전화부스 안으로 기어 들어가 숨는다.

하지만 전화가 공포나 서스펜스로만 연관될 필요는 없다. 좋아하는 영화 중 하나인 〈시골 영웅Local Hero〉에는 사람과 장소와 중요한 존재 사이의 관계를 상징하기 위해 공중전화부스를 활용한다. 맥이라는 한 외로운 미국 사업가가 거래를 성사시키기 위해 퍼네스의 고랭지 어촌 마을에 파견될 때 그곳의 공중전화부스는 외부 세계와 연결된 그의 유일한 생명선이다.

매일 밤 그는 술집 밖에 있는 그 전화부스로 가서 휴스턴의 석유회사 사장과 통화를 한다. 하지만 차츰 맥은 훼손되지 않은 경치, 해변의 조개껍질을 모으는 즐거움, 그 지역의 한 소녀 등에 매료되는 자신을 발견한다. 맥이 결국 휴스턴으로 소환될 때 전화부스는 그가 소중히 여기게 된 곳의 소박함과 아름다움을 그와 연결시켜주는 매개체가 된다.

영화는 텅 빈 전화부스에서 전화가 울리면서 끝을 맺는다. 스코틀랜드 관광지에 따르면 이 영화의 팬들은 영화의 배경이 된 퍼네스의 공중전화부스에서 여전히 전화를 걸 수 있으며 그 공중전화부스는 공공 기념물이 되었다고 한다.

5분 글쓰기 연습

다음 글 중 하나를 영감으로 사용해 5분 동안 글을 써보라.

- 전화가 울려 전화를 받았는데 한 낯선 목소리가 여러분의 연인/동반자/배우자가 바람을 피운다는 사실을 알려준다. 그 대화를 주고받는 내용을 글로 써보라.
- '당신은 곧 죽을 예정이며 한 통의 전화만 할 수 있다면 누구에게 전화를 걸어 무슨 말을 할 것인가?'라는 이 질문은 스티븐 레빈의 말을 인용한 것이다.
- 100만 파운드의 상금이 걸린 복권에 막 당첨이 되었다. 누구

에게 전화를 걸어 무슨 말을 할 것인가?

- 예전에 알고 있던 사람에게 전화가 걸려온다. 누가, 왜 걸었을까? 그 전화 대화를 글로 써보라.
- 전화를 걸려고 수화기를 들었는데 발신음 대신 도움을 청하는 목소리를 듣게 되는데….
- 공중전화부스를 지나는데 전화가 울린다. 충동적으로 걸음을 멈추고 전화를 받는데….
- 카페나 레스토랑 또는 술집에 있는데 직원이 전화를 건네준다. 전화를 받자 누군가가 이렇게 말한다. "당신을 계속 지켜보고 있다."
- 지금까지 받거나 걸었던 전화 가운데 가장 까다로운 전화 내용을 목록으로 만들어보라.

29

500단어로 채운 이야기

 호주 저널리스트 데이비드 데일이 〈시드니 모닝 헤럴드〉에서 근무했을 당시 편집차장이 다가와 이런 부탁을 했었다. "이 페이지에 500단어를 메워야 할 여백이 있는데 다른 건 사실 모두 따분해. 자네가 그 여백을 채울 재미있는 글을 써줄 수 없겠나?"

 데일은 서둘러 거만한 유명 인사들에게 크림 파이를 던지는 것과 관련한 유쾌한 글을 썼다. 그런데 그 글은 실리지 못했다. 편집차장은 파이를 던지는 것을 - 부드러운 페이스트리임에도 불구하고 - 폭행이라 여겼고 신문사는 폭력을 조장

했다는 비난을 받고 싶지 않았기 때문이다.

하지만 이후 데일은 《480단어로 된 이야기들480 Words on Anything》이라는 책을 공동 저술했다. 이 책은 아이들을 백설공주로부터 보호하는 방법, 호주는 왜 밤에 운전해야 할까 등 별난 주제를 다루는 '엉뚱한 이론과 부질없는 사고와 필수적인 변명'으로 이루어진 모음집이었다.

사실 마음만 먹으면 거의 모든 것에 관해 뭔가를 쓸 수 있다. 그것을 대단한 글쓰기라고 말하는 것은 아니지만 이전에는 전혀 존재하지 않았던 무언가를 창조하는 것이므로 반은 성공한 셈이다. 그리고 나머지 반은 질적인 부분을 마음껏 추구하면 된다.

심리학자이자 홀로코스트 생존자인 빅터 프랭클은 《죽음의 수용소에서 Man's Search for Meaning》에서 이렇게 언급한다. '성공을 목표로 삼지 마라. 성공을 목표로 삼을수록 성공에 더욱 이르지 못하게 될 것이다.'

5분 글쓰기 연습

1분 동안 가능한 한 많이 지루한 주제들을 써보라. 글쓰기 수업에서는 보통 지루한 주제로 집안일을 많이 선택하곤 하지만 영국 방송국인 채널 4의 〈집을 깨끗하게 청소하는 방법How Clean is your House〉이 방송된 후 주제를 바꾸어야 할지 고민이 되기도 한다.

목록을 정했다면 이제 아이디어 중 가장 지루한 것을 골라 남은 4분 동안 약 250단어로 써보라. 글을 잘 쓰지 못한다고 걱정할 필요는 없다. 정해진 시간이 있으니 자유롭게 가능한 한 빨리 쓰면 된다.

30

최악의 순간을 맞았을 때

'잘 알고 있는 사실을 글로 쓰라'는 말은 이치에 맞는 말이지만 초보 작가들은 대부분 이에 의구심을 갖는다. 그렇게 하면 따분할 것만 같다. 분명 글쓰기의 요점은 자신의 삶에서 벗어나 다른 사람의 삶에 관한 글을 쓰는 것이 아닌가?

뭐, 그건 그럴지도 모른다 하더라도 독자는 보통 뭔가 잘못되어 가는 것을 좋아한다는 사실은 기억해둘 필요가 있다. 일이 잘 안 풀릴 때 무엇을 하는가? 내가 알고 있는 작가들은 대부분 노트에 손을 내민다. 왜 좋은 소재들을 낭비하는가? 작가들은 당황스러운 일이나 좌절시키는 일 또는 비참하게 하는 일까지 그들에게 일어나는 모든 일을 주제로 활용한다.

J.P. 돈리비는 언젠가 이렇게 말했다. "글쓰기는 최악의 순간을 돈으로 바꾸는 일이다."

제인 웬헴 존스의 경우 이 전략은 효과가 있었다. 장편 소설을 쓰기 전 - 《소동을 일으키다Raising the Roof》와 《완벽한 알리바이Perfect Alibis》는 이미 베스트셀러다 - 그녀는 〈벨라Bella〉 〈채트Chat〉 〈마이 위클리My Weekly〉 〈더 피플즈 프렌드The People's Friend〉 〈베스트 앤드 우먼스 위클리Best and Woman's Weekly〉 등을 비롯한 많은 여성 잡지에 약 100편의 단편 소설을 기고했다.

"여성 잡지에 정기적으로 글을 기고하고 있었을 때 내게 일어난 부정적인 일을 소설 줄거리로 만들어내는 것은 하나의 게임이 되었고 결국 그로부터 긍정적인 결과가 생겨났다. 예를 들어 차를 후진하다가 가벼운 접촉사고를 내서 250파운드의 손상을 입혔을 때 나는 그 일에 관한 이야기를 써서 그만큼 보상받았다. 첫 소설 《소동을 일으키다》는 부동산을 임대한 내 경험을 바탕으로 쓴 글이다.(그 일은 정말 악몽이었다!)"

혼자만의 소재가 있다면 적어도 노트부터 펼쳐라. 그리고 좌절감이 느껴지는 일들을 매일 써보라. 하루가 끝날 무렵 몇

분 정도만 시간을 들이면 된다. 우울함을 느끼는 대신, 나쁜 일들이 금덩어리처럼 보이기 시작하는 효과가 생길 것이다.

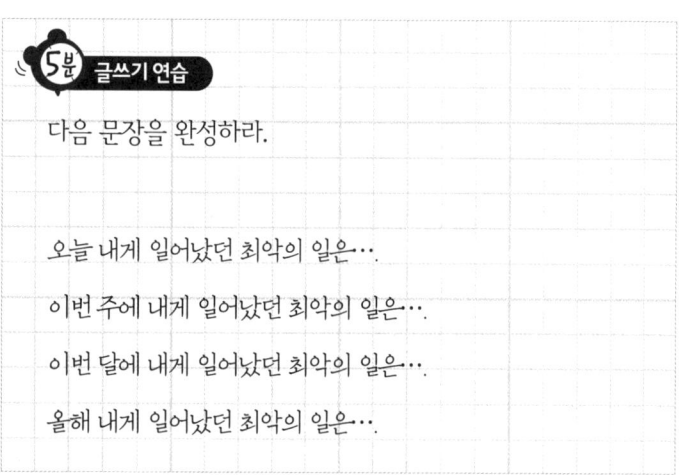

5분 글쓰기 연습

다음 문장을 완성하라.

오늘 내게 일어났던 최악의 일은….
이번 주에 내게 일어났던 최악의 일은….
이번 달에 내게 일어났던 최악의 일은….
올해 내게 일어났던 최악의 일은….

31

시점 이해하기

데이비드 로지에 따르면 '게으르거나 경험이 부족한 작가는 흔히 시점을 다룰 때 모순에 빠지곤 한다'.

많은 초보 작가나 기성 작가들이 시점을 표현하는 것을 매우 어렵게 생각한다. 실제로 작가 양성 교육과정에서 시점과 씨름을 할 때마다 갈피를 잡지 못하고 얼굴을 찡그리는 학생이 꼭 한두 명씩은 존재한다. 여러분이 그런 사람에 속한다면 우둔해서 그런 것은 아니라고 생각하길 바란다.

헨리 제임스는 1인칭 시점 소설인 《데이지 밀러Daisy Miller》로 성공하기 전까지 전지적 작가 시점이 그의 표준이었다. 이전에는 작가들이 이야기의 감독관 노릇을 해왔다. 작가들은 등장인물의 사고를 억제할지 드러낼지를 선택할 수 있었으며, 그들이 본 그대로의 '사실'을 독자에게 알려줄 수도 있었다. 예를 들어 '오그던의 고용인은 오그던에게 무엇이 필요한지를 전혀 모르는 사람이었다'라는 문장에서 오그던이 전혀 모른다는 사실을 누가 결정한 것일까? 그렇다. 바로 작가가 결정했고 작가가 독자에게 말하고 있다. 현대 소설에서는 독자가 스스로 결정할 기회를 갖게 하기 위해서 이런 방법은 잘 쓰이지 않는다.

독자들이 시점을 이해하는 데 어려움을 겪는 이유 중 하나는 시점을 이해하는 것이 타고난 능력이 아니기 때문이다. 다시 말해 시점을 이해하는 것은 학습을 필요로 한다는 뜻이다. 스위스의 발달심리학자 장 피아제는 이것을 '세 개의 산 모형 실험Three Mountains Task'으로 입증했다. 실험에서 그는 한 아이를 세 개의 산으로 이루어진 모형 한쪽에 앉혀 놓았다. 그러고는 그 아이에게 다른 쪽에 놓여 있는 인형이 볼 수 있는 광경을 사진에서 골라보라고 요구했다. 하지만 아이는 9살이 되어서야 인형의 시점이 자신과 다르다는 것을 이해할 수 있었다.

물론 어른으로서 우리는 타인과 시점이 다르다는 사실을 잘 알고 있다. 그래도 소설에서 시점을 이해하기가 어렵다면 '세 개의 산 모형실험'을 잘 활용해보길 바란다. 실험 속에 산들을 이야기의 한 장면으로 비유해보자면, 여러분은 산의 어느 위치에서 그 장면을 볼 것인지 생각해야 한다.

  등장인물 A가 한 위치에 있고 등장인물 B가 또 다른 위치에 있다고 상상해보라. 등장인물 A를 선택한다면 등장인물 B의 관점에서만 볼 수 있는 사물을 나타낼 수 없는데 이는 반대로도 확인해볼 수 있다. 그리고 나란히 서 있는 두 등장인물조차 약간 다른 시점을 갖는다는 것에 주목해야 한다. 이것은 실제 산이라도 그런 식으로 보이기 때문이다.

  하지만 소설에서는 여러분이 어디에 위치해 있을까? 이 질문이 가장 궁금할 것이다. 시점은 이야기 속 장면을 위해 선택한 등장인물의 시점이 무엇이든 바로 그곳에 있을 것이다.

  스티븐 킹은 언젠가 이것을 '인물들이 바라보는 시선 뒤편에 내가 있는 것 같은 느낌'이라고 설명했다. 이와 대조적으로 인물의 시점을 묘사하기 시작할 때 작가는 그 인물의 시점에서 그를 살펴보며 사실상 인물과 마주한다.

엘모어 레너드는 "장면을 창조하기 위해 늘 특정 인물의 − 장면을 생생하게 만드는 가장 좋은 시점을 가진 인물 − 시점에서 글을 쓰면 자신이 누구이고 사물에 대해 어떻게 느끼며 또 무슨 일이 일어나는지를 알려주는 그 인물의 목소리에 집중할 수 있다"라고 했다.

독자는 등장인물을 신뢰하고 싶어 하는데 만일 작가가 배경 해설자의 역할을 한다면 그 신뢰성은 떨어지게 된다. 그러면 레너드가 말하는 것을 연습 삼아 《겟 쇼티 Get Shorty》의 다음 장면을 살펴보자. 칠리 팔머가 자신의 재킷을 찾기 위해 한 레스토랑의 물품 보관소로 찾아갔다. 불행하게도 그가 본 것은 레인코트 두 벌과 낡은 항공 재킷뿐이다.

그 항공 재킷은 분명 2차 세계대전 중에 입었던 옷일 것이다.

칠리가 검은 정장을 입은 한 이탈리아 지배인을 찾아갔을 때 나이 많은 지배인은 사실상 텅 비어 있는 물품 보관소를 둘러보며 칠리에게 이렇게 물었다.

"찾고 있는 옷이 이 중 하나가 아닙니까?"

칠리가 대답했다.

"당신은 이 옷이 코트처럼 소매가 손끝까지 오는 검은 가죽 재킷으로 보입니까? 만약 잃어버렸다면 379달러를 내게 빚진 거요."
그러자 그 지배인은 벽에 걸린 표지판을 보라고 일렀다. 그곳에는 '우리는 잃어버린 물품에 대해서는 책임을 질 수 없습니다'라고 쓰여 있었다. 그러자 칠리는 그에게 이렇게 말했다.
"분명 노력하면 할 수 있단 말이오. 빌어먹을, 얼어 죽으려고 플로리다에서 달려온 게 아닌데 내 말 알겠소? 내 옷을 도로 갖다놓거나 알렉산더 상점에서 그 옷 사는 데 아내가 지불한 379달러를 내게 내놓든가 하시오."

여기서 인물의 시점은 칠리이다. 우리는 칠리를 통해 장면을 경험하고 사고, 행동, 말에서 모든 사실을 알게 된다. 항공 재킷을 분명 2차 세계대전에 입었을 것이라는 결정은 누가 했는가? 바로 칠리이다. 작가의 개입은 전혀 없고 '칠리는 싫다는 대답을 거부하는 능숙한 말솜씨를 가진 사람'도 아니다. 결과적으로 우리는 '산 모형'의 칠리의 위치에서 그가 됨으로써 시점을 이해하게 된다.

5분 글쓰기 연습

지난해 한 중년 여자가 우리 지역에 있는 슈퍼마켓의 입구로 자동차를 몰다가 아이들 놀이기구, 여권 즉석 사진 촬영 부스, 카페의 옆 창문 등을 파손시켰다. 몇몇 사람이 이 광경을 목격했다. 다음에 나오는 각각의 시점에서 이 사건을 여러 각도로 글로 써보라(각각의 글을 쓰는 데 5분씩 사용하라).

- 사고 차량 운전자
- 슈퍼마켓 입구 가까이에 있던 계산대 점원
- 아이가 놀이기구를 탈 수 있도록 잔돈을 교환하러 갔던 엄마
- 재빨리 그 자리를 피하지 못해 부상을 당한 쇼핑객
- 그 외 여러분이 선택한 인물

유용한 정보: 사실 그대로의 이야기를 쓰지 않도록 한다. 대신 각 사람들의 특정한 경험을 쓰도록 노력해야 한다. 그들이 누구인지, 어디에 있었는지를 비롯해 심리 상태에 따라 다양할 것이다.

32
:

인물 재구성하기

 등장인물을 창조할 때는 호감이 가는 인물들을 만들어내는 것이 일반적이다. 독자는 보통, 도끼 살인범의 시선으로 사건이 전개되는 것을 보고 싶어 하지 않는다. 하지만 단조로운 소설을 쓰지 않는 이상, 현실에서 친구로 삼고 싶지 않은 몇몇 인물을 포함시켜야 한다.

 그렇다면 그런 인물에 어떻게 생기를 불어넣을 것인가? 핵심은 등장인물에 대한 작가의 공감대에 있다. 월리스 힐딕은 《아이들과 소설Children and Fiction》에서 이렇게 쓰고 있다.

하나의 인물을 만들어내기 위해 - 인물에 뼈와 살과 피와 땀을 부여하여 생명을 주기 위해 - 작가는 어느 정도 그 인물에 공감해야 한다. 작가가 등장인물에 공감하는 성향이 아니더라도 적어도 인물의 시선을 통해 보려고 노력하고 그가 느끼는 방식대로 느끼도록 노력해야 한다. 이렇게 함으로써 비현실적으로 만들어진 악령은 대부분 더욱 무서우면서 동시에 용서할 수 있는 인간미마저 부여된다.

어떤 사람들은 등장인물이 얼마나 불쾌한지에 따라 더욱 쉽게 인물을 파악할 수 있다. 호감도의 기준이 무엇이 되었든, 소설 속 인물들이 우리 정신세계의 여러 측면을 나타낸다고 주장하는 이론이 있다. 사실 어떤 소설은 그 자체로 이런 개념을 탐구했다. 예를 들어 로버트 루이스 스티븐슨의 《지킬 박사와 하이드 Strange Case of Dr. Jekyll and Mr. Hyde》에서 지킬 박사는 하이드를 '순수한 악'으로 설명한다. 하지만 하이드는 카를 융이 '그림자 원형'이라 부르는 존재, 즉 우리가 자신을 거부하고 다른 것에 투영하는 정신의 어두운 측면을 나타낸다.

하지만 호감이 가지 않는 인물의 시선을 파악하기 위해 반드시 정신분석 이론에 뛰어들 필요는 없다. 조금이라도 인물을 파악하는 것이 중요하다. 작가처럼 승무원도 '까다로운' 사람들을 잘 다루어야 한다. 《통제된 마음The Managed Heart》에서 앨리 러셀 혹실드는 승무원에게 불만을 터뜨리는 까다로운 승객을 잘 다루기 위해 델타항공이 사용하는 단순하면서도 효과적인 훈련 기법을 탐구한다. 루카스 가이드 기관이 서비스 품질에서 델타항공을 최고로 뽑았을 때 조사관들은 '강요'나 '억지'가 아닌 진심이 느껴지는 승무원의 미소를 칭찬했다.

최고의 서비스를 달성하기 위해 델타항공은 승무원들에게 '재구성' 기법을 가르쳤다. 예를 들어 승객이 화를 내면 승무원은 그를 다른 시각으로 바라보기 위해 이야기를 만들어낸다. 그 승객은 그날 아침 메일을 열어보고서 아내가 이혼 소송을 시작하려는 사실을 알게 되었을지도 모른다. 그런 일이 생기면 누구든 화를 낼 수밖에 없다. 그 분노가 슬픔으로 바뀌게 되면 승무원은 승객의 반응을 이해할 수 있다.

이와 마찬가지로 우리는 등장인물의 악행을 재구성할 때 의미도 바꾼다. 그렇다고 그들의 행동을 용납할 필요는 없다. 사실 우리는 그 인물을 여전히 싫어하겠지만 왜 그런 모습을 하는지 어렴풋이 알고 있다. 이는 인물을 더욱 흥미롭고 그럴

듯하게 만드는 데 도움이 된다.

휘틀리 스트리버가 쓴 《빌리Billy》에서 바톤은 공감하기 힘든 인물이다. 그는 어린 소년들을 유괴한다. 작가는 바톤이 악의 화신이 되지 않도록 하기 위해 그의 관점에서 몇몇 구절을 제시한다. 다음 발췌문은 그가 다음 희생자를 찾기 위해 쇼핑몰로 가는 장면이므로 그의 관점을 따라가 볼 수 있다.

정오가 가까워지자 주차장의 자동차에서 열기가 올라왔다. 바톤은 열에 민감했다. 그는 땀을 너무 많이 흘려 어릴 때 다른 아이들에게 '구멍 난 아이'라 불렸다. 거기에 '뚱보 왕'이라는 별명까지 보태졌다. 그건 오래전 일이었다. 생각보다 더 오래되었다. 하지만 바톤은 정신적으로 어린 시절과 전혀 다르지 않았다. 그는 계속 여기저기를 살피고 있었다. 어린 시절을 좋게 기억하는 사람은 운이 좋았다. 그들은 고통을 잠재운 사람들이었다.

그는 길을 건너면서 햇빛을 피해 머리를 숙였고 에어컨이 있는 쪽으로 기분 좋게 문을 밀고 들어갔다. 예전 백화점에서도 지금의 쇼핑몰과 같은 냄새가 났었는데…. 이 냄새를 맡으면 늘 그때가 떠올랐다. 그 시절 그의 불량배 패거리들은 - 사실 그의 패거리가 아니라 그가 속한 패거리였다 - 중심가의 울워스를 따라 자전거를 타곤 했는데 그곳에는 만화책과 장난감 권총과 장난감 병정들이 있던 마리포사와 75센트에 햄버거 하나랑 체리 콜라 큰 것을 팔던 간이식당이 있었다. 물론 그는 실제로 불량배 패거리에 들어가지 않았지만 그들과 함께 자전거를 탔다. 정확히 말하면 패거리들이 지나가는 똑같은 길을 다녔다. 그들은 모두 백화점 카운터에 둘러앉아 있었을 것이고 바톤은 근처 점포에 있었을 것이다.

작가가 바톤에 관해 여기서 묘사하는 것은 어린 시절의 소외감이다. 운이 좋지 않은 이상, 우리는 모두 외톨이가 되는 느낌을 경험해 보았을 것이다. 새로운 지역으로 이사를 가고 새로운 학교에 들어가거나 나를 제외하고 자기들끼리만 잘 아는 클럽에 가입했을 수도 있다. 일시적이겠지만 소속감이 없는 그런 감정은 바톤의 심정을 알 수 있을 정도로 우리에게도 남아 있을 것이다.

하지만 사실 바톤은 추한 아이였고 땀 흘리는 모습에 우리는 혐오감을 느낄 수 있다. 자부심을 위해 자신의 모습을 받아들이는 것이 얼마나 중요한지를 우리는 잘 알고 있다. 보통의 경우라면 바톤을 동정했을 것이다. 하지만 바톤의 행동은 그것을 불가능하게 한다. 그런데 이런 시점에서 그의 배경을 얼핏 보아도 그가 비현실적인 괴물은 아니라는 사실을 분명 알 수 있다. 그는 현실적인 모습을 하고 있다.

W.H. 오든은 '악을 행한 사람에게는 악으로 보답해야 한다'는 글을 남겼다. 바톤의 경우, 그의 정신병적 행동은 결코 만족되지 않는 절망적인 욕구로 동기화된다. 그 욕구를 탐험하기 위해 작가는 델타항공 승무원들의 기법을 사용했다. 그는 바톤의 관점에서 이야기를 '재구성했다'.

작가가 등장인물의 감정 보따리를 잘 알고 있다면 그들은 더욱 실질적인 특성을 갖게 된다. 재구성 기법을 연습하기 위해 다음 글쓰기를 연습해보라. 글쓰기 수업에서 나는 흔히 학생들에게 짝을 이루도록 요청한다.

5분 글쓰기 연습

누군가로 인해 화가 나고 상처를 받았던 상황을 목록으로 만들어보라. 사소한 일을 비롯해 심각한 일 등을 포함시켜본다. 그리고 역할극에서 탐구할 상황을 하나 선택해보라. 친구와 함께 연습한다면 그 친구는 '여러분'의 역할을 하고 여러분은 자신의 분노와 상처의 선동자 역할을 하면 된다. 하나의 상황이 무례한 직장 동료와 관련 있다고 가정해보자. 친구가 여러분의 불만을 제시하면 여러분의 과제는 최선을 다해 자신을 변호하는 동료 역할을 하는 것이다.

이를 위해 여러분은 정신적으로 다른 사람의 입장에 있는 셈이다. 그런데 이것을 '진실한' 상황을 얻으려는 노력으로 생각하면 안 된다. 이 연습은 다른 사람의 입장에 처할 수밖에 없을 때 상황이 어떻게 변화하는지를 확인하는 것이 중요하다. 역할이 행동에 엄청난 영향을 준다는 연구 결과가 있기 때문에 이는 효과가 있다. 한 유명한 실험에서 죄수 역할을 한 사람은 영향력을 빼앗기는 느낌을 경험했고 교도관 역할을 한 사람은 권한을 부여받는 느낌을 경험했다고 한다.

혼자 연습한다면 행동을 설명하기 위해 이야기를 만들어내는 델타항공의 기법을 사용해보라. 악당의 입장이 되기도 하겠지만 직접 맞서는 상황에서 자신을 방어하는 대신 그 이야기를 글로 써보라. 그리고 원하는 만큼 세부적인 배경을 마음껏 도입해보라.

33

거짓 눈물은 안 돼

뉴욕의 유니언 스퀘어에 있는 반스앤노블 서점에서 솔 스테인은 독자와의 만남에서 이렇게 말했다. "논픽션은 정보를 전달하고 소설은 감정을 불러일으킵니다. 이 말을 꼭 기억해두세요. 기억 속에 영원히 새겨질 때까지 메모지에 적어 컴퓨터에 붙여두세요."

감정은 왜 그렇게 중요한 것일까? 감정은 모든 이질적인 요소들을 합쳐주는 '접착제' 역할을 하기 때문이다. 독자는 소설을 고를 때 자신의 분위기에 잘 맞는 것을 찾는다.

심지어 장르 소설은 느끼고 싶은 감정에 따라 분류되기도 한다. 두려움을 느끼고 싶으면 독자는 공포 소설을 고른다. 사랑에 빠져 있다면 로맨스 소설을 찾아본다. 무엇을 읽을지 결정하지 않은 상태라면 좋아 보이는 것을 찾을 때까지 책 표지를 휙휙 넘길 것이다.

초보 작가들은 대부분 감정을 글로 옮길 때 어느 정도 문제가 있다. 최근 한 학생은 이렇게 불평했다. "왜 제 글에 감동을 받지 못하는지 도무지 이해가 안 돼요. 이 글을 썼을 때 전 정말 감동받았거든요."

나는 그녀를 믿었다. 하지만 유감스럽게도 감정은 한 입에 쏙 먹을 수 있는 치즈 샌드위치 같은 것이 아니다. 감정을 묘사하려고 애쓸수록 독자는 더욱 빠져들지 않으려고 몸부림칠지 모른다. 우리가 감정을 묘사할 때는 두근거리는 가슴, 땀에 젖은 손바닥, 안절부절못하는 마음 등 흔히 신체 증상으로 표현하는 정도가 최선이다. 감정 자체는 감질나게 포착하기 어려운 상태로 남는다.

감정은 말을 못 하는 뇌의 영역에서 경험이 가능하다. 이 영역은 대뇌의 우측 반구 속에 있는 반면, 언어 영역은 좌측 반구 속에 있다. 음악을 들을 때 이 반구의 차이를 경험해 보앉을 수도 있다.

　앤서니 스토가 《음악과 정신Music and Mind》이라는 흥미로운 책에 언급했듯이 음악은 주로 대뇌의 우측 반구에서 읽혀지고 처리된다. 사실 음악은 좌측 반구가 활성화되지 않거나 손상을 입어도 청취자에게 감정적으로 영향을 줄 수 있다.

　연구 결과 왼쪽 뇌에 손상을 입은 작곡가들은 말할 능력을 잃었더라도 여전히 작곡을 할 수 있고 심지어 음악을 가르칠 수 있다. 그와 대조적으로 우측 반구에 손상을 입으면 노래하기, 비유의 이해, 얼굴 표정의 인식 등 감정과 관련된 모든 능력이 억제된다.

　따라서 작가의 경우 독자에게 감정이나 분위기를 전달하는 가장 좋은 방법은 감정 자체가 아니라 그 상황에 집중하는 것이다. 다시 말해 두려움을 전달하고 싶으면 두려움이 생기게 하는 상황을 보여준다. 그렇게 하면 독자는 간접 묘사 대신 직접 정보를 인식하게 된다. 이에 더불어 T.S. 엘리어트의 '객관적 상관물objective correlatives'로 실험을 해보라.

　　예술의 형태로 감정을 표현하는 유일한 방법은 '객관적 상관물'을 찾는 데 있다. 객관적 상관물은 특별한 정서를 나타낼 공식이 되는 사물, 정황, 일련의 사건들이며 그 정서를 바로 불러일으키도록 제시된, 감각적 경험을 끝내야 하는 외부 사건을 말한다.

객관적 상관물은 기분이나 정서에 대한 비유의 역할을 하고 다른 비유들처럼 호소력은 논리가 아니라 감정에 있다. 예를 들어 엘리어트의 《프루프록의 연가 The Love Song of J. Alfred Prufrock》에 나오는 '커피 스푼으로 내 삶을 쟀다'라는 은유적인 표현은 정서적인 묘사에서 비롯된 감각보다 사소한 집안일에 낭비된 프루프록의 삶에 대한 감각을 더 많이 담아내고 있다.

여러분은 객관적 상관물을 개별적으로 사용하거나 – 엘리어트가 주장하듯이 – 그것들을 함께 섞어 하나의 공식이나 상징으로 사용할 수 있다. 예를 들어 오래된 호러 영화에서 고딕 양식의 저택, 소용돌이치는 안개, 달빛, 부엉이의 울음소리 등은 등골을 서늘하게 하는 요소들을 예술적으로 혼합해 놓은 것이다. 이런 영화를 보았을 때 그 요소들이 무섭게 느껴진다고 하는 사람은 아무도 없었다. 대신 그들은 그 사물들이 섬뜩한 느낌으로 연상되기 때문에 무서움을 느꼈다.

그렇다. 그런 공포는 진부하지만 우리는 대프니 듀 모리에의 《레베카》, 브람 스토커의 《드라큘라》, 수전 힐의 《우먼 인 블랙The Woman in Black》 등을 여전히 즐겨 읽는다. 이 책들은 모두 고전 공포물에서 나온 객관적 상관물에 의존한다.

객관적 상관물을 설정할 때 자신만의 연상물을 만들어낼 수 있다. 〈뉴요커〉지에 처음 실린 《너 또한 못생겼어You're Ugly, Too》에서 로리 무어는 영화를 보러 가는 상황을 객관적 상관물로 사용한다.

마흔의 역사 교수 조 헨드릭스는 혼자 영화관에 다닌다. 붉은 감초 사탕을 몇 개 사놓은 그녀는 한 좌석에 앉아 불이 꺼지기를 기다린다. 이윽고 불이 꺼지자 그녀는 손가방에서 안경을 꺼냈다. 안경은 비닐봉지 안에 있었다. 그녀의 화장지 또한 비닐봉지에 있었다. 펜과 아스피린과 박하사탕도 비닐봉지에 있었다. 모든 것이 비닐봉지에 들어 있었다. 모든 것을 비닐봉지에 넣고 영화관에 혼자 오는 여자, 그것이 그녀의 모습이었다.

영화관에 가는 것은 - 팝콘을 사고 좌석을 선택하는 등 -

일반적으로 교제로 연상되기 때문에 이 상황은 등장인물의 외로움과 자기 현실화의 비애를 모두 강조하고 있다. 다른 객관적 상관물을 얼마든지 넣어도 효과가 있었을 것이다.

때로 객관적 상관물을 다양한 관점에서 끌어당기는 감정적인 '실'로 설정할 수 있다. 연세가 지긋한 한 남자가 정원을 손질한 후 잔디 깎는 기계나 다른 정원 도구를 청소하는 것에 자부심을 느낀다면 이런 사물을 그 남자의 독립심을 상징하는 데 사용할 수 있다. 이후 그의 독립심이 위협을 받는다면 더러운 잔디 깎는 기계와 녹슨 정원 도구들은 이야기의 감성 내용을 고조시키는 데 도움이 될 것이다.

이는 어니스트 헤밍웨이가 매우 선호한, 자신만의 회상 모티프를 만들어내는 기법이기도 하다. 《무기여 잘 있거라 A Farewell to Arms》에서 비는 헤밍웨이가 죽음의 비유로 설정한 많은 객관적 상관물 중 하나이다. 이 책은 1차 세계대전을 배경으로 헨리의 연인인 버클리가 아이를 사산하면서 끝을 맺는 로맨스 소설이다. 헨리는 병실에서 버클리가 죽을 때까지 그녀 곁을 지킨다. 마지막으로 그는 간호사에게 떠나라고 말한다.

하지만 나는 그들을 나가게 한 후 문을 닫고 불을 껐지만 전혀 좋아지지 않았다. 마치 조각상에게 작별인사를 하는 기분이었다. 잠시 후 나는 밖을 나와 병원을 떠나고 비를 맞으며 호텔로 돌아왔다.

이 문장들은 특별히 감동적이지 않을 수 있다. 비가 오는 것이 뭐 어떻다는 말인가? 하지만 그 비는 언젠가 죽어야 하는 인간을 나타낸다. 비가 누구에게나 언제라도 내릴 수 있듯이 죽음도 언제든 누군가에게 일어날 수 있다.

우리는 주인공이 불확실한 상황에 처했을 때 죽음을 면하게 할 힘이 없다. 버클리는 비를 두려워한다. 간호사였던 그녀는 헨리보다 더 많은 죽음을 경험했다. 처음에는 비를 좋아한 헨리도 결국 그녀가 그랬듯이 죽음을 경험한다.

이런 준비가 없었다면 마지막 대사는 커다란 영향력으로 다가오지 못했을 것이다. 헤밍웨이는 헨리의 감정을 겉으로 거의 표현하지 않으면서 정서적인 효과를 만들어냈다. 그가 '마치 조각상에게 작별인사를 하는 기분이었다'라고 말할 때 독자들은 비가 내릴 것을 예상하게 되고 결국 그 비는 그의 감정의 일부인 만큼 독자에게도 감정의 일부가 된다.

5분 글쓰기 연습

객관적 상관물을 만들어내기 위한 몇 가지 사물 및 요소를 준비해두었다. 그중 하나를 골라 분위기나 감정 또는 정서를 드러내는 구절에 사용하여 5분 동안 글로 써보라. 이 사물들은 이미 어떤 연상을 불러일으킨다는 것을 알 수 있다. 사물들이 잘 표현될 수 있도록 마음껏 활용해보라. 아니면 이미 정해진 의미를 활용하여 새로운 표현을 만들어내는 데 도전해보라. 반드시 하나의 복합 효과를 만들어내기 위해 다른 사물을 추가해보라. 이 연습은 분위기를 명백하게 언급하지 않도록 하는 것이 목적이다.

검은 까마귀, 새로운 머리 모양
거울, 위스키 병
낙엽, 햇빛
중국차 세트, 크리스마스 트리
화분 식물, 바다
스포츠 카, 피아노
혼잡한 기차, 어떤 문양의 벽지
현금 인출기, 포도 시렁과 포도

34

연쇄 방식 이야기

'발뼈가 점점 붙어 발목뼈, 발목뼈가 점점 붙어 다리뼈, 다리뼈가 점점 붙어 무릎뼈…'

이 구절은 구약성경의 에스겔서에 바탕을 둔 오래된 흑인 영가 중 일부이다. 성경에 따르면 선지자 에스겔이 사막으로 가서 마른 뼈 더미를 발견하고 그것들에게 말을 걸어 살아나게 했다고 한다. 작가들은 선지자가 될 수 없지만 이 이야기를 통해 두 가지 메시지를 분명히 알 수 있다.

첫째, 뭔가를 창조하고 싶으면 연결성을 찾아야 한다. 다시 말해 개별로는 많은 것을 의미하지 않지만 함께 연결하면 하나의 만족스러운 전체가 되는 것들을 찾아야 한다.

둘째, 이야기는 사람에 관한 것이어야 한다. 앞의 뼈 이야기를 보면 그 뼈들이 이야기 곳곳의 중요한 사건을 나타낸다. 그런데 이것을 또 다른 방식으로 살펴보자. 사건을 나타내는 뼈 대신 그것을 탐구할 수 있는 연결성을 갖는 등장인물로 생각하면 어떨까?

예를 들어 우리는 안나를 베아트리체로, 베아트리체를 크리스토퍼로, 크리스토퍼를 데비로 계속 연결시킬 수 있다. 그러고는 이 연결고리에서 맨 마지막 인물을 – 키어런이라 부르자 – 안나로 연결시킨다면 이는 하나의 연쇄 방식 이야기 daisy chain story가 될 요소를 갖추게 된다.

이 순환 구조는 특정 주제를 탐구하는 데 이를 이용하는 작가들에게 매력적인 방식이다. 이 구조를 사용하는 가장 유명한 예로 아르투어 슈니츨러의 희곡 《라롱드 La Ronde》가 있다. 이 희곡은 연달아 이어지는 성적 경험을 내용으로 하고 있기 때문에 슈니츨러가 1900년에 썼을 당시 너무 외설적이라는 평을 받아 대중 앞에서 상영될 수 없었다. 그러다가 1950년

막스 오퓔스가 영화로 각색했다. 최근에는 데이비드 헤어가 런던 공연을 위해 《블루룸The Blue Room》으로 각색했다.

〈블루룸〉은 5명의 여자와 5명의 남자로 구성된 흥미진진한 연극이다. 이 연극은 거리 소녀와 택시 운전사의 만남으로 시작한다. 그 장면이 끝나면 택시 운전사는 택시를 기다리는 다음 인물인 가정부로 이동한다. 이후 가정부는 학생과 연결되는 등 그런 식으로 장면이 이어진다. 결국에는 마지막 인물인 귀족 남자가 거리 소녀를 우연히 만나게 된다.

여기에는 성적 관습에 초점을 두고 있지만 연쇄 방식 이야기는 어느 주제에서든 탐구할 수 있다. 영화 〈러브 액추얼리 Love Actually〉는 사실 은근히 성적 내용을 담고 있지만 제목이 말해주듯 사랑과 더 많은 관련이 있다. 큰 줄거리 안에서 개별적이면서도 뒤얽혀 있는 이야기들이 여러 관점을 탐험한다.

제이미콜린 퍼스와 오렐리아루시아 모니즈의 관계는 '또 다른 언어로 이어진 사랑'을 의미한다. 오렐리아는 포르투갈 사람이며 영어를 할 줄 모르는 반면, 제이미는 영국 사람이고 포르투갈어를 할 줄 모른다. 데이비드휴 그랜트와 나탈리마틴 매커친는 '정치와 사랑'으로 연결되어 있다. 데이비드는 영국 수상이고 나탈리는 그의 비서이다.

또한 단편 소설의 구조와 지속성을 만들어낼 때도 연쇄 방식을 사용할 수 있다. 일반적으로 단편 소설은 한 명의 시점 인물로 최고의 효과를 내지만 엘리자베스 켄드리쉬의 〈희망은 영원히 샘솟는다Hope Springs Eternal〉는 일곱 명의 시점 인물을 포함한다. 이 소설은 나이가 지긋한 메이지 맥팔레인이라는 여인이 누군가가 그녀를 방문해주기를 바라는 장면으로 시작된다. 그녀는 거실 창문 옆에 혼자 앉아 있다.

그녀는 마지막으로 뜻밖의 방문객이 있었던 날을 기억할 수 없었지만 늘 기회가 있었기 때문에 신경 쓰지 않았다. 어쨌든 그녀는 지나가는 사람들을 보는 것을 즐겼다. 그것이 하루를 더욱 흥미롭게 했기 때문이다. 아니나 다를까, 어느새 누군가가 와 있었다. 69번지에 사는 럼볼드 부인이었는데 그녀는 쇼핑 카트까지 끌고 왔다. 분명 주말에 아들이 오리라 기대하고 있었던 모양이다.

하지만 럼볼드 부인은 맥팔레인을 방문하지 않는다. 여기서 독자는 맥팔레인의 생각을 계속 나누지 못한다. 대신 작가는 아들이 주말에 오든 오지 않든 바쁘게 돌아다니는 럼볼드 부인으로 옮겨간다. 이 이야기는 각각 새로운 인물들이, 말하자면 바통을 이어받아 달리면서 다음으로 이어진다. 결국 이 순환 고리의 마지막 인물은 맥팔레인으로 돌아간다.

다른 연쇄 방식 이야기처럼 이 이야기도 주제로 – 등장인물의 희망과 꿈 – 연결된, 잇달아 촘촘하게 엮어놓은 작은 명장면들로 이루어져 있다.

- 등장인물 일곱 명의 이름을 골라라. 12장을 충실히 따라 했다면 이 연습을 위한 등장인물 목록이 준비되어 있을 것이다. 그렇지 않다면 12장의 5분 글쓰기 연습을 한 다음 이곳으로 다시 돌아온다.

- 등장인물 두 명을 골라 그들의 의견 차이를 중심으로, 하나의 시점에서 5분 동안 글로 표현해보라. 너무 어렵게 생각할 필요는 없다. 그냥 떠오르는 대로 쓰면 된다.

기쁘게도 여러분은 이제 연쇄 방식 이야기의 출발점에 서 있다. 다음 5분 동안 첫 장면의 두 번째 인물을 골라 그 인물의 시점에서 또 하나의 장면을 글로 써보라. 두 인물의 의견 차이는 그들에게 어떤 영향을 주었는가? 그들은 지금 무슨 생각을 하고 있는가? 그들은 어디로 가고 있는가? 그 외 누가 영향을 받을 수 있는가? 또한 세 번째 인물을 포함시키거나 그 인물을 결말로 이끌면서 글을 써보라.

35

삶이라는 이름의 카페

중요한 배경을 중심으로 다양한 스토리를 만들어가는 TV 드라마가 많다. 배경이 되는 지역을 제목으로 쓰는 경우도 비일비재하다. 영국에서 이러한 구성은 1960년 〈코로네이션 스트리트Coronation Street〉라는 드라마로 시작했다. 이 드라마의 주인공은 모두 웨더필드라는 북부 도시에 살고 있고 같은 지역 술집에서 그들의 이야기가 진행된다. 그 외 드라마 〈이스트엔더스East Enders〉〈브룩필드Brookfield〉〈에머데일Emmerdale〉 등도 모두 제목에서 배경을 확연히 드러낸다.

매브 빈치는 《켄틴스Quentins》의 배경으로 아일랜드 더블린의 한 레스토랑을 선택한다. 그곳의 홍보 안내문에는 이렇게 쓰여 있다.

> 켄틴스 레스토랑의 테이블은 모두 사랑, 배신, 복수 등 1,000여 가지의 이야기를 갖고 있다. 좌석에는 수많은 희망과 절망이 오고 갔다. 레스토랑을 드나드는 직원들도 그들만의 사연이 있고 레스토랑 자체도 성공의 조건을 다 갖춘 듯 보이던 때가 있었고 실패로 문을 닫아야 하는 것처럼 보였을 때도 있었다.

빈치가 이런 이야기를 한데 모으기 위해 사용한 등장인물은 다큐멘터리 제작자 엘라 브래디이다. 그녀는 어렸을 때 처음 켄틴스를 방문했다. 브래디는 1970년대에서 현재에 이르는 더블린의 정신을 담아내기 위해 그 레스토랑의 역사를 활용하고자 한다. 또한 그녀가 전하고 싶은 자신만의 이야기가 소설 곳곳에서 한결같은 목소리를 낸다.

이런 구성 방식을 이용해 성공한 작가로 아서 헤일리를 들 수 있다. 《호텔Hotel》과 《에어포트Airport》는 — 1960년대 소설 — 여전히 독자의 사랑을 받는 스테디셀러이다. 《호텔》에는 뉴

올리언스의 화려한 성 그레고리 호텔을 중심으로 사랑과 삶이 펼쳐진다. 그리고 《에어포트》는 시카고 밖 가상의 링컨국제공항에서 운명이 뒤얽히는 인물들의 모습을 담고 있다.

이런 구성 방식을 한번 시도해보고 싶다면 가장 좋아하는 카페를 새로운 시각으로 살펴보라.

5분 글쓰기 연습

우선 방문할 카페를 골라라. 작고 값싼 식당 또는 차와 수제 케이크를 서비스하는 카페 등이 될 수 있다. 커피 한 잔을 주문하고 다른 손님을 관찰할 수 있는 장소에 앉아라. 나는 매일 저녁 근처 스타벅스를 방문하곤 하는데 그곳은 세인즈버리 옆에 위치하기 때문에 사람들을 관찰하기에 최적의 장소이다. 창가에 앉아 있으면 지나가는 행인을 볼 수 있다. 그리고 카페 안은 늘 시끄럽기 때문에 - 에스프레소 머신이 커피를 내리는 소리와 바리스타에게 계속 전달되는 주문 소리 - 사람들은 자기 목소리가 어떻게 전달되는지 잘 모른다.

신뢰를 주고받으면서 나누는 비밀 이야기도 들린다. 그중

"존, 이제부터 비밀로 해야 돼. 피터에게는 아직 말하지 않았으니까"라는 말을 들은 적도 있다.

카페에 앉아 있을 때 누군가 여러분을 의식하더라도 그냥 두어라. 여러분의 관심을 감지하는 사람도 있을 것이고 그렇지 않은 사람도 있을 것이다. 준비가 되면 나중에 그들을 떠올릴 수 있도록 5분의 시간을 할애하여 각각의 잠재적 인물에 관한 짧은 세부사항을 적어둔다.

어떤 의문이 떠오르면 재빨리 적어둔다. 예를 들어 '매일 밤 에스프레소 한 잔을 마시러 오는 저 남자는 누굴까? 턱수염을 한 나이 지긋해 보이는 그는 던롭 그린 플래시 테니스화를 신고 있다. 그는 은퇴한 지성인일까? 그에게는 어떤 사연이 있을까?'와 같은 질문을 적어둘 수 있다.

36

성격을 드러내는 것들

그녀가 들고 다니는 거대한 검은 가죽 가방은 널찍하고 무겁고 불필요한 것들로 가득하다. 분홍색과 흰색의 쭈글쭈글해진 화장지 뭉치, 스프레이 타입의 와일드 머스크 향수병, 손톱 손질용 가위, 손톱깎기, 런던 지하철 탑승권, 브리티시 텔레콤 전화 카드, 주소록, '애프터 미드나잇 블루'라는 색조 마스카라 봉, 브르타뉴로 휴가를 간 친구로부터 받은 엽서, 계산기, 바사리의 《예술가의 전기》, 반 이상 남은 밀크 초콜릿….

— 루스 렌델, 《한 쌍의 노란 백합 A Pair of Yellow Lilies》

여성 핸드백의 내용물은 왜 나열한 것일까? 핸드백은 사적 공간이므로 작가에게는 흥미진진한 영역이다. 나탈리 레크록은 사람들이 들고 다니는 핸드백의 내용물을 수채물감으로 생생하게 그리는 프랑스 화가이다. 핸드백 안에 무엇이 들어 있든 모두 그려내는 그녀가 한 번은 축 처진 오래된 상추잎을 그린 적이 있었다. "그 가방 주인이 내가 그린 것을 보고 엄청나게 당황했지요"라고 레크록은 말한다.

레크록에 따르면 사람들은 대부분 그 그림을 통해 정서적인 경험을 하게 된다. 그녀가 가방 주인에 대해 말해주는 정보의 세부적인 분석을 그림에 포함시키기 때문이다.

그녀는 미국판 〈보그〉지에서 이렇게 언급했다. "흔히 들고 다니는 가방만으로 두세 시간 후 그 사람에 대해 말할 수 있다는 사실은 믿기 힘든 일이죠. 이는 누군가와 저녁식사를 할 때 알게 되는 그런 종류의 통찰력과 같은 겁니다."

레크록이 사람들의 개인 소지품을 살펴봄으로써 인물을 탐구하는 아이디어를 처음 생각해낸 것은 그녀가 살고 있는 파리의 거리에서 지갑 하나를 우연히 발견했을 때였다. 지갑 주인이 군인이란 사실을 알게 된 그녀는 일상의 작은 물건이 사람의 성격을 드러내는 힘이 있다는 점에 매료되었다.

  작가들은 인물을 창조하기 위해 이 방법을 사용할 수 있다. 그런데 다음 글쓰기 연습을 하기 전 여러분은 자신의 가방 속 내용물을 모두 꺼내 그것들로 무엇을 표현할 수 있을지에 대해 생각해보고 싶을 것이다. 나는 평소 가지고 다니던 펜들이 얼마나 많은지를 알고서 무척 놀랐다. 언제든 메모하기 위한 강박적인 욕구의 징후였을 것이다.

5분 글쓰기 연습

누군가의 핸드백, 서류가방, 지갑 등을 발견했다고 상상해보라. 가방 주인이 누구인지 모르지만 알아내기로 결정하고서 가방을 열어 내용물을 꺼내본다. 너무 어렵게 생각하지 말고 적어도 여섯 가지 항목을 나열해보라. 그런데 너무 뻔한 휴대폰이나 화장지만 고르지 않도록 한다. 이제 발견한 항목을 기준으로 짧게 인물의 성격을 묘사해보라.

37

공감각이란 무엇인가?

환한 햇살, 재잘거림, 크고 노란 버터 스카치 사탕 같은 향기와 함께 엄마가 다가올 때 크림색처럼 흐릿하고도 신선한 푸른 소리에는 양철 체에 떨어진 몇 주 지난 딸기 같은 냄새가 난다.

— 다이앤 애커먼, 《감각의 박물학A Natural History of the Senses》

애커먼에 따르면 신생아들은 이런 식으로 보고, 듣고, 만지고, 맛보고, 냄새 맡으며 뒤죽박죽 밀려드는 감각으로 그들만의 세계를 인식한다. 이런 세계를 경험하는 어른이 있다면 공감각이 뛰어난 사람, 즉 한 감각의 자극으로 다른 감각도 만들어내는 사람이라 부른다.

공감각이 뛰어난 사람은 색상, 소리, 감촉에 예민하게 반응한다. BBC의 〈호라이즌Horizon〉이라는 프로그램에서 인터뷰한 어떤 사람은 이름을 맛으로 경험했다. 그에게 데렉이라는 이름은 귀지의 맛이 났다.

영국 공감각 협회는 평균 2,000명 중 한 명이 공감각에 뛰어난 사람이며 화가, 작가, 음악가를 비롯한 창의적인 사람들 중에서 더욱 흔히 나타난다고 주장한다.

작곡가 림스키 코르사코프는 색상을 음악으로 연상하는 공감각이 뛰어난 작곡가로 유명했다. 그에게 C장조는 흰색이었고 A장조는 장밋빛이었다.

최근 연구에 따르면 우리에게는 그 능력을 인식하지 않고도 공감각의 일부 능력을 지니고 있다고 한다. 누군가가 특정 치즈를 '날카로운 맛'으로 묘사한다면 그런 맛이 존재하지 않더라도 그 의미를 어렴풋이나마 느낄 수 있을 것이다. 또한 원래 분홍빛은 소리가 없지만 '요란한 분홍빛' 드레스가 무엇을 의미하는지 알 수 있다.

이와 마찬가지로 우리는 비유적인 글쓰기에서 시적 기능

으로 사용하는 공감각에 익숙하다. 앤드루 마블은 《정원The Garden》에서 '이미 만들어진 모든 것을 초록색 그늘 속의 초록색 생각으로 소멸시키면서'라는 글을 남겼다. 이와 유사하게 스콧 피츠제럴드는 《위대한 개츠비The Great Gatsby》에서 개츠비의 파티에서 연주하는 '노란 칵테일 음악'에 대해 해설자인 닉 캐러웨이의 입을 통해 기술한다.

인지심리학자인 빌라야누르 라마찬드란과 에드워드 M. 허바드에 따르면 공감각, 창의력, 비유를 사용함으로써 신경 조직의 기초 원리를 가질 수 있다고 한다. 이는 화가와 시인과 소설가에게 공감각 능력이 많이 생길 수 있음을 설명하는 데 도움이 된다. 한 가지 예로 '저기가 동쪽, 그렇다면 줄리엣은 태양이다'라는 셰익스피어의 은유적인 문장을 인용하면서 그들은 이렇게 주장한다.

> 그것은 그들의 두뇌가 겉으로 보기에 관계없는 영역들을 - 태양과 아름다운 젊은 여자와 같은 - 서로 연결시키는 것과 같다. 다시 말해서 공감각이 색상과 숫자 등 겉으로 보기에 관계없는 지각의 개체들을 서로 임의적으로 연결시키는 것과 관련 있는 것처럼 은유도

겉으로 보기에 관계없는 개념적 영역들을 서로 연결시키는 것과 관련 있다.

이것이 사실이라면 공감각 이미지의 실험은 더욱 흥미진진한 은유 표현을 만들어내는 데 도움이 될 뿐만 아니라 더 많은 창의력을 키우는 데에도 도움이 되기 때문에 사실상 나쁠 일이 없다. 그렇다고 이를 위해 공감각이 뛰어난 사람이 될 필요는 없다.

니콜라 모건은 《월요일은 붉은색이다 Mondays are Red》에서 주인공을 공감각이 뛰어난 사람으로 만들었다. "나는 멋진 언어의 끝없는 가능성으로 독자의 마음을 열게 하고 싶었습니다"라고 그녀는 말한다. 1인칭으로 쓰인 그 소설은 혼수상태에서 깨어나 머릿속에 '하나의 만화경'을 갖고 있음을 알게 되는 10대 소년 루크의 이야기를 전하고 있다.

월요일은 붉은색이다. 슬픔은 텅 빈 푸른 냄새가 난다. 그리고 음악은 바나나 퓌레에서 박쥐의 오줌에 이르기까지 어떤 맛이든 다 날 수 있다.

루크의 새로운 세상에서 바이올린 음악은 레몬처럼 들리고, 미소는 오렌지 향이 나고, 딸기 음악은 엄마의 손가락 감촉에서 흘러나온다.

5분 글쓰기 연습

전달하고자 하는 감각 경험을 독자에게 제공할 수 있도록 공감각을 사용하여 짧은 장면을 만들어보라. 먼저 머릿속에 장면을 그려보자. 그런 다음 다른 감각들 차원에서 그 장면의 여러 측면에 대해 생각하기 시작한다. 예를 들어 물이 흐르는 것은 일반적으로 소리를 만들지만 맛이 나는 사물의 관점으로 그것을 설명하고 싶을 수 있다. 아마도 분수는 박하사탕의 파편처럼 들리고 천천히 흐르는 강은 끈적끈적한 꿀이 될 수 있다.

이와 마찬가지로 사람의 목소리를 생각해보라. 내게 배우 조디 포스터의 목소리는 여러 가닥의 검은 감초사탕과 같다. 정치가 루스 켈리는 리치 티 비스킷처럼 들리는 반면, 클린트 이스트우드에게는 소독약의 유쾌한 톡 쏘는 맛이 있다.

또한 감정의 냄새를 실험해보라. 현실에서 우리는 두려움의 냄새에 대해 말하곤 하는데 과연 그 냄새는 무엇일까? 퀴퀴한 냄새가 나는 양배추이거나 아니면 다른 것일까? 두려움은 색이 있을까?

묘사하고 싶은 모든 것을 위해 모든 감각에 뛰어들어보고 무엇이 떠오르는지 확인해보라. 이는 매일 습관적으로 하는 일이 아니므로 처음에는 이상한 느낌이 들 수 있다는 점에 유념한다.

38
:

선택과 결과

로버트 프로스트의 유명한 시 〈가지 않은 길The Road not Taken〉에는 단풍 든 숲 속에서 두 갈래 길을 만난 한 여행자가 어느 길로 갈 것인지 결정하지 못한다는 내용이 나온다. 결국 그는 프로스트가 언급하듯이 사람이 거의 다니지 않았으며 풀이 더 길게 자란 길을 선택한다.

프로스트가 그 시를 쓴 동기는 글로스터셔에 사는 에드워드 토머스라는 친구를 방문했던 경험에서 비롯되었다. 영국의 시골에서 가장 좋은 곳을 프로스트에게 보여주고 싶었던 토머스는 늘 그에게 희귀한 식물이나 좋은 경치를 알려줄 길을 선택했다. 이후 그는 자신의 선택을 늘 후회했고 프로스트에게 다른 길을 보여주지 못한 것을 한탄하기 시작했다.

살면서 시골길을 한 번도 산책해보지 못했더라도 우리는 토머스의 복잡한 감정에 공감할 수 있다. 은유적으로 풀로 뒤덮인 길은 전혀 다른 직업에서 새로운 관계에 이르기까지 무엇이든 상징할 수 있다. 우리는 위험을 피하고 알고 있는 것만을 고수해야 할까? 아니면 기회를 잡아야 할까? 삶은 연이은 선택으로 이루어져 있다. 쉬운 선택도 있고 어려운 선택도 있다.

그런데 결과가 즉시 명백하게 나타나지 않을 수도 있다. 모든 선택은 결과가 있다. 앨런 에익번은 6시 전 하루의 첫 담배를 피울 것인지를 결정하려는 한 여자로 시작하는 희곡인《친밀한 교환Intimate Exchanges》에서 이를 잘 보여준다.

선택과 결과의 간단한 원칙을 마음에 새기는 작가는 누구든 모든 이야기에 효과를 거둘 완벽한 모형을 갖고 있다. 사실 선택과 결과가 없다면 이야기도 존재하지 않는다. 이는 모든 장르에 해당한다.

글쓰기 수업의 한 학생이 최근 루이스 드 베르니에의 《코렐리의 만돌린Captain Corelli's Mandolin》을 예로 들면서 이에 관해 내게 이의를 제기했다. 선택과 결과의 역학은 2차 세계대전 인물의 풍부한 모습을 창출하는 데 활용한 작가의 주요 기법이다. 《코렐리의 만돌린》의 도입부를 살펴보자.

1. 의사 이아니스는 한 노인의 귀에서 마른 완두콩을 제거하는 가장 좋은 방법에 대해 결정해야 한다. 그것은 단단한 갈색의 부패한 귀지 막에 싸일 정도로 그 자리에 오랫동안 있었던 완두콩이었다.

2. 총리 메탁사스는 파티에서 무모한 행동으로 곤란한 상황에 처한 그의 딸 룰루에 대해 무엇을 해야 할지를 결정해야 한다.

3. 한편, 성당 고해실에 의무상 갇히게 된 아르세니오스 신부는 소변이 꽉 찬 방광을 어떻게 해야 할지 결정해야 한다.

각 딜레마의 독자를 위한 역할은 두 가지이다. 첫째, 등장인물에게 직접적인 목적을 제공한다. 이는 여러분이 정적인 이야기를 원하지 않는다면 중요한 일이다. 둘째, 독자에게 비숱한 상황에 처할 수 있다고 생각하게 한다. 이런 식으로 이야기에 몰두하는 독자는 그 이야기를 자기 것으로 만들기 위한 첫발을 내딛는다.

  이런 이유로 이야기 외부의 의미 없는 복잡한 상황보다 화장실에 가기를 간절히 바라는 인물이 – 누구나 공감할 수 있는 문제 – 있는 이야기를 시작하는 것이 훨씬 좋다. 독자는 자신을 볼 수 있고 자신의 삶이 등장인물의 딜레마에 반영될 때 비로소 이야기에 관심을 갖는다.

> **5분 글쓰기 연습**
>
> 선택과 결과를 소설에 포함하기 위해 나무 구조의 관점에서 이야기를 생각해보라. 아래 그림에서 보면 플롯을 통한 등장인물의 여정은 나무 몸통에서 시작하여 위로 이동한다. 처음에 나오는 가지 두 개는 로버트 프로스트의 시에 나오는 두 갈림길과 동일한데 이 지점에서 선택 가능성이 존재한다. 여기서 그 인물은 어느 길로 가야 할지 또는 어떤 결단을 내릴지를 결정해야 한다.

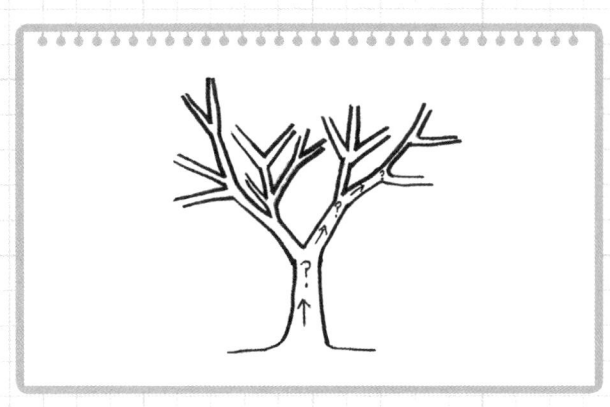

결정이 필요한 상황을 먼저 만들지 않고는 등장인물에게 선택을 부여할 수 없다는 점에 주목한다. 그렇다. 일부는 이 점을 분명 잘 알고 있지만 초보 작가는 이를 주의하지 않아 흔히 실패를 맛본다. 반드시 자신의 상황을 생각해보거나 이것이 맞는지 잘 확인해본다.

등장인물이 현관 벨이 울릴 때 자고 있다고 가정해보자. 이는 첫 번째로 결정을 내릴 상황이다. 그 인물은 그냥 계속 자고 있을 것인가? 누군지 확인하기 위해 일어날 것인가? 알다시피 이야기의 추진은 등장인물의 선택에 달려 있다. 그 인물이 내린 결정의 결과는 무엇일까? 인물이 선택한 길을 따라 다음에는 무슨 일이 일어날까? 이는 외부 사건이 될 수 있거나 - 토머스 하디는 등장인물에게 생각해볼 만한 것을 제공하기 위해 폭풍을 즐겨 사용했다 - 그 인물이 이전에 선택한 일과 직접 관련된 것이 될 수도 있다. 어느 쪽이든 그 인물은 다른 길을 통해 특정한 길을 실현하면서 이야기를 따라 움직인다.

5분간 글을 쓰는 동안 시간이 다 될 때까지 결정 지점을 가능한 한 많이 적어보라. 결말에 관해서나 좋은 글을 쓰는 것에 관해서는 걱정할 필요가 없다. 이 연습의 목적은 단순히 선택과 결과를 활용하는 데 있다.

어느 순간 말 그대로 좁은 길이 막다른 길에 다다를 수 있는 것처럼 이야기가 더 이상 진전이 없다는 사실을 깨달을 수 있다. 그렇게 되면 그냥 앞으로 돌아가서 등장인물에게 완전히 다른 길을 실현하게 한다.

39
:

무엇에 관심이 있는가?

패트리샤 매클라클랜의 《세상에서 가장 소중한 곳 All the Places to Love》에서 할머니는 아기 엘리를 양털 담요에 감싸 안고 창가로 데려간다.

내가 가장 처음 들은 것은 바람소리였어요.

내가 가장 처음 본 것은 사랑스러운 모든 장소들,

골짜기와

바위 사이로 흐르는 강물과

블루베리가 자라는 언덕이었어요.

농장에 살고 있는 아이의 목소리로 쓰인 이 작품은 자연과 가족의 강한 유대감을 찬미하고 있다. 미국의 대초원에서 태어난 작가 매클라클랜은 가장 처음 알게 된 장소를 떠올리기 위해 초지 토양이 담긴 작은 주머니를 계속 들고 다녔다고 한다. "내 책은 가족에 관한 이야기로 되어 있어요. 가족은 내게 매력적인 소재이죠."

작가가 중요하다고 여기는 것에 관해 쓰면 이는 그대로 글에 드러난다. 존 가드너는 "작가가 관심을 두는 것이 바로 글의 소재가 됩니다"라고 말했다. 그렇다고 모두들 자연과 행복한 가족에 대해 써야 한다는 의미는 아니다.

변호사 앤드루 백스는 청소년 범죄에 대한 관심을 담아내고자 소설가가 되었다. 학대받는 아이의 권리를 옹호하는 범죄 소설들은 법정에서 '경건한 체하는 미사여구'보다 그의 메시지를 알리는 훨씬 좋은 방법이다.

니겔라 로슨이 음식에 갖는 애착은 그녀의 책에 여실히 드러난다. 케빈 크로슬리–홀랜드는 중세시대를 상상하는 열정으로 아서왕의 전설과 같은 고전을 개작한다. 여러분은 무엇에 관심이 있는가?

 **글쓰기 연습**

관심이 있는 것을 목록으로 만들어보라. 아주 좋아하는 것, 중요한 것, 특히 열정적으로 느끼는 것이 있다면 모두 포함한다. 혹시라도 열정을 느낄 수 없다면 이렇게 시작해보라.

내가 좋아하는 것: 샐러드, 계피, 치즈, 피망, 마지팬, 잘라서 말린 건초, 장미, 작약, 라벤더, 샴페인, 막연한 정치 신념, 글렌 굴드, 지나치게 차가운 맥주, 납작한 베개, 토스트, 아바나 시거, 헨델, 느린 산책, 배, 백도, 버찌, 색깔, 손목시계, 온갖 종류의 글쓰기 펜, 디저트, 정제하지 않은 소금, 사실주의 소설…

— 롤랑 바르트, 《롤랑바르트가 쓴 롤랑바르트Roland Barthes》

이 연습을 변형해 여러분이 좋아하지 않는 것을 나열해본다. 롤랑바르트는 슬랙스를 입은 여자, 제라늄, 애니메이션 영화, 전화 걸기, 충실성, 알지 못하는 사람과 보내는 저녁 시간 등을 나열했다.

40

세상에서 가장 아름다운 말

세상에서 가장 아름다운 단어는 무엇일까? 초콜릿? 땡! 다시 생각해보라. 영국 문화원에서 조사한 내용에 따르면 1순위는 '어머니'였고 '열정'과 '미소'가 그 뒤를 이었다.

반대로 불쾌감을 주는 말은 무엇일까? 46개국에서 4만 명의 투표자를 대상으로 조사했는데 흔히 생각하는 보편적인 단어들이었다. 다음 글쓰기 연습에서 아름다운 말들을 활용해보라.

5분 글쓰기 연습

영국 문화원에서 조사한 상위 20위에 속하는 아름다운 말 중 하나를 골라 5분 동안 간단히 자유롭게 글을 써보라. 더 좋아하는 말이 있다면 자신만의 아름다운 말 목록을 만들어본다. 이제 그런 아름다운 말로 달콤한 상상을 펼쳐보면 된다.

어머니mother, 운명destiny, 햇빛sunshine, 은총grace

열정passion, 자유freedom, 연인sweetheart, 무지개rainbow

미소smile, 해방liberty, 아주 멋진gorgeous, 환상적인fantastic

사랑love, 평온tranquillity, 소중히 여기다cherish, 꽃이 피다blossom

영원eternity, 평화peace, 열광enthusiasm, 희망hope

41

불쾌한 말, 불쾌한 느낌

특정 단어에 불쾌한 느낌이 드는 것은 무엇 때문일까? 로골로지 분야^{단어의 의미보다 단어를 구성하는 글자의 패턴을 중점으로 연구하는 학문}의 학술지 〈워드 웨이즈Word Ways〉지의 편집자인 로스 에클러에 따르면 불쾌한 말은 다른 말보다 몇 가지 어려운 딱딱한 자음을 포함하는 것처럼 보인다.

'criterion^{기준}, clodhopper^{미련한 사람}, buttock^{엉덩이}, toilet^{화장실}' 등의 말을 사용하면 어떤 미인대회에서도 우승하지 못할 것이다. 이런 딱딱한 자음을 포함하는 단어들이 그 단어의 의미와 관련 있는 것은 아닌지 궁금하다. 거칠게 들리는 단어가 있는가 하면 연상되는 의미에 따라 불쾌한 함축성만 띠는 단어도 있다.

미국의 언어 교사협회에서 오래전 시행했던 여론조사에 따르면 다음 열 개 단어들, 즉 'cacophony불협화음, crunch으드득거리는 소리, flatulent허풍스러운, gripe불만, jazz재즈, phlegmatic침착한, plump재벌, plutocrat부호, sap얼간이, treachery배반 등이 가장 듣기 싫은 소리를 낸다고 한다. 개인적으로 'cacophony'라는 단어는 비교적 거슬리지 않아 보이지만 다루기 힘든 많은 아이를 통제하려는 선생님에게는 매우 불쾌한 단어로 느껴질 수도 있다.

이와 유사하게 나는 수업 가는 길가에 자리하고 있는 플라타너스 아래를 걸으면 종종 몸이 안 좋다는 사실을 느꼈기 때문에 'sycamore플라타너스'라는 단어를 좋아하지 않는다.

글쓰기 연습

자신만의 불쾌한 말 목록을 만들어보거나 모양, 소리 등에서 연상되는 싫은 말도 목록으로 만들어본다.

42

시선을 사로잡는 도입부

명성이 높은 자크 소니에르 관장이 박물관 대화랑의 아치형 복도를 비틀거리며 걸어갔다. 그는 제일 가까운 곳에 걸린 그림, '카라바조'를 향해 달려들었다. 금박 액자를 움켜잡은 일흔여섯 살의 노인은 그 명작을 벽에서 떼어놓을 때까지 자기 쪽으로 힘껏 잡아당겼다. 그림이 떨어져 나오자 소니에르 관장은 뒤로 나자빠져 그 밑에 깔리고 말았다. 그의 예상대로 가까이에서 철문이 우레처럼 소리를 내며 떨어져 대화랑의 출입구를 차단했다. 그 순간 마룻바닥이 흔들렸고 멀리서 경보음이 울리기 시작했다.

— 댄 브라운, 《다빈치 코드 The Da Vinci Code》

흥미진진하지 않은가? 이 소설은 2년간 〈뉴욕타임스〉 베스트셀러 목록에 올라와 있었으며 그의 다른 책인 《천사와 악마 Angels and Demons》《디지털 포트리스 Digital Fortress》《디셉션 포인트 Deception Point》도 모두 독자에게 큰 사랑을 받고 있다.

말 그대로 브라운은 독자를 책 속으로 끌어당길 줄 아는 초베스트셀러 작가이다. 그의 소설은 모두 사건이 발생하면서 시작한다. 위 발췌문에서는 자크 소니에르가 살인자로부터 탈출하기 위한 필사적인 시도로 박물관의 경보 장치를 의도적으로 울린다. 독자는 그가 성공하는지를 확인하기 위해 페이지를 넘기지 않을 수 없다.

브라운의 다른 몇몇 소설도 죽음에 임박한 인물들로 시작한다. 그 이유는 명백하다. 어떤 기법이 효과를 보았다면 그 기법을 고수해야 하기 때문이다. 하지만 여러분이 그 기법을 사용하기 위해 똑같은 상황을 취할 필요는 없다.

브라운은 자신의 작가 경력에 가장 큰 영향을 준 인물로 시드니 셸던을 종종 언급한다. 1994년 타히티 섬에서 휴가를 보냈을 당시 해변에서 발견한 시드니 셸던의 《최후 심판의 날 음모 Doomsday Conspiracy》를 읽었던 기억을 떠올렸던 것이다. "그 책의 첫 페이지를 읽기 시작했는데 그러다가 다음 페이지로 넘어가고, 또 다음 페이지로 그렇게 계속 넘어가게 되었지요."

예리한 독자는 두 작가의 집필 방식에 많은 유사성이 있음을 알아챌 수 있다. 셸던은 도입부에 시선을 사로잡는 장치를 두는 소설을 쓴다. 그는 꿈이나 악몽에서 깨어나는 인물 등 흥미를 끄는 모티프를 흔히 반복한다.

셸던의 소설 《깊은 밤 깊은 곳에 Memories of Midnight》의 도입부를 살펴보자.

> 그녀는 매일 밤 비명을 지르면서 깨어났다. 늘 똑같은 꿈을 꾸었다. 그녀는 사나운 폭풍이 휘몰아치는 호수 한가운데 있었는데, 어떤 남자와 여자가 그녀를 강제로 물속으로 밀어 넣어 익사시키려 했다.

또 다른 모티프는 미행당한다는 아이디어로, 극적인 면이 조금 떨어질 수 있지만 역시 주목을 끌고 있다. 셸던의 소설 《낮과 밤 Morning, Noon and Night》의 다음 발췌문을 살펴보라.

드미트리가 물었다.

"스탠포드 씨, 우리가 미행당하고 있다는 걸 알고 계십니까?"

"알고 있네."

그는 지난 24시간 동안 계속 미행하는 사람이 있다는 사실을 눈치채고 있었다.

또는 《텔 미 유어 드림Tell Me Your Dreams》에서,

누군가 그녀의 뒤를 따라오고 있었다. 그녀는 스토커에 관한 기사를 읽어본 적이 있지만 그들은 어디까지나 자신과는 관계 없는 폭력의 세계에 속한 사람들이었다.

이런 도입부의 공통점은 독자를 이야기 세계로 빠져들게 한다는 것이다. 말하자면 독자가 공감할 수 있는 상황을 제시하고 동시에 독자의 궁금증을 유발하기 때문에 효과가 있다. 물론 일몰의 침울한 묘사로 이야기를 시작할 수 있지만 독자에게 놀이기구가 벌써 출발하고 있다는 느낌을 준다면 그들은 그곳에 머물기 위해 더 많은 동기를 갖게 된다.

이런 도입부들이 말해주듯이 '멋지게 시작하라! 그러면 모든 것이 드러날 것이다'. 이것은 그리 어려운 일이 아니다. 다음 글쓰기 연습으로 이 기법을 직접 시험해보라.

 글쓰기 연습

다음 내용 중 하나를 골라 도입부로 사용하여 5분 동안 자유롭게 글을 써보라. 무엇을 쓸지에 관해 곰곰이 생각할 필요는 없다. 그냥 이끌리는 대로 써보라.

- 미행당하고 있는 인물을 묘사해보라.
- 누군가를 미행하는 인물을 묘사해보라. 미행자라고 다 사악한 존재는 아니라는 것에 유념한다.
- 꿈이나 악몽에서 깨어나는 인물을 묘사해보라. 무엇 때문에 깨어난 것일까? 전화소리 때문인가? 아니면, 침대 위로 뛰어드는 아이들이나 얼굴을 핥고 있는 애완견 때문인가?
- 삶을 변화시키는 한 통의 편지를 받는 인물을 묘사해보라.
- 무언가 또는 누군가를 찾아다니면서 운전하고 있는 인물을 묘사해보라.
- 어떤 불쾌한 소식을 막 전달받은 인물을 묘사해보라.

43

제목으로 글쓰기

독자들은 처음에 제목을 보고서 작품을 선택한다. 감정 반응을 즉시 불러일으키는 제목이 최고라 할 수 있다. 데니스 루헤인의 《미스틱 리버Mystic River》, 도디 스미스의 《성 안의 카산드라Capture the Castle》, 찰스 프레이저의 《콜드 마운틴Cold Mountain》을 생각해보라.

표지로 쓸 제목을 정하기 전 작가들이 흔히 몇 가지 다른 제목들을 놓고 고민한다는 사실은 그리 놀라운 일이 아니다. 마거릿 미첼의 소설 《바람과 함께 사라지다》의 최초 제목은 여주인공의 처음 이름을 따서 '팬시Pansy'였다. 물론 여주인공의 이름은 이후 스칼렛으로 바뀌었다. 그 다음으로 누군가 '내일은 또 내일의 태양이 떠오른다Tomorrow is another Day'라는 제목을 제안했지만 그 명칭은 이미 다른 책에서 열여섯 차례나 사용되고 있었다. 미첼은 자신이 좋아하는 어니스트 다우슨의 시 한 구절을 최종 선택했다. 그 구절은 바로 그녀가 원했던, 멀리서 희미하게 들려오는 슬픈 소리였기 때문이었다.

그와 대조적으로 제임스 패터슨은 워싱턴 경찰 알렉스 크로스를 주인공으로 하는 소설 시리즈에 동요 제목을 붙이는 것을 선호한다. 첫 번째 소설 《스파이더 게임Along Came a Spider》은 원래 '매기 로즈를 기억하라Remember Maggie Rose'는 제목이었지만 패터슨과 편집자는 동요를 제목으로 정하면 독자들이 그 책을 더 쉽게 기억할 수 있으리라 여겼다.

노래에서 영감을 받은 작가도 있다. 메리 히긴스 클라크의 스릴러물인 《우리 다시 만나요We'll Meet Again》는 베라 린이 부른 전쟁 당시의 오랜 인기곡에서 이름을 빌려온 것이다. 그녀는 또한 크리스마스 서스펜스 소설인 《고요한 밤Silent Night》에 찬송가를 사용했다.

어떤 작가의 경우 제목을 생각해내는 일 자체가 글쓰기의 첫 단계이다. 〈사가 매거진〉과의 인터뷰에서 안젤라 후스는 어느 날 저녁 우연히 잔디밭에서 데이지 꽃봉오리가 모두 닫혀 있는 광경을 본 것과 관련한 사연을 말했다. 그 광경을 보자마자 그녀는 '데이지 꽃봉오리가 닫힐 때'라는 말이 좋은 제목이라고 생각했다. 그리고 다음 날 노년의 주제에 관한 이야기를 써 달라는 BBC의 요청을 받았다. 후스는 '데이지 꽃봉오리가 닫힐 때'라는 제목을 떠올렸고 부모를 은퇴자 단층주택으로 옮기고 싶어 하는 자식을 둔 노부부에 관한 이야기를 썼다.

제목을 생각해내는 연습은 시간이 부족할 때 글쓰기 근육을 풀어주는 좋은 방법이다. 줄을 서서 한참 기다려야 하거나 교통신호가 바뀌기를 기다릴 때 다음의 글쓰기 연습을 해보라.

5분 글쓰기 연습

새로운 이야기에 쓸 제목을 수집하여 목록으로 만들어보라. 제목을 위해 로맨스, 공포, 공상과학 소설 등 특별한 장르에 중점을 두거나 하나의 주제를 선택할 수 있다. 그중 어떤 것을 선택하든 사실상 이야기로 만들어낼 필요는 없다. 하지만 제목은 좋은 아이디어를 떠올리게 해주기 때문에 영감을 얻었다면 놀랄 필요는 없다.

도중에 막히면 다음의 촉매 역할을 하는 제목들을 예문과 함께 살펴보라.

'숫자' 제목: 《아기돼지 삼형제The Three Little Pigs》《더 페이머스 파이브The Famous Five》《묵시록의 네 기수The Four Horsemen of the Apocalypse》

'사람 이름' 제목: 《재능 있는 리플리The Talented Mr. Ripley》《스마일리의 사람들Smiley's People》《브리짓 존스의 일기Bridget Jones' Diary》

'장소 이름' 제목: 《폭풍의 언덕Wuthering Heights》《브라이턴 록Brighton Rock》《앨리스 같은 도시A Town Like Alice》

'색상' 제목: 《블랙 뷰티Black Beauty》《푸른 눈의 소녀The Girl with Green Eyes》《더 컬러 퍼플The Colour Purple》

'음식' 제목: 《초콜릿Chocolat》《아이스크림 전투An Ice Cream War》 《오렌지만은 과일이 아니다Oranges are not the only Fruit》

'음료' 제목: 《로지와 함께 사과주를Cider with Rosie》《블랙베리 와인Blackberry Wine》《영혼의 길고 암울한 티타임The Long Dark Tea Time of the Soul》

재미있는 제목: 《파슬리, 세이지, 로즈메리 그리고 범죄Parsley, Sage, Rosemary and Crime》《냄비와 단단한 장소 사이Between a Wok and a Hard Place》《분노의 크레이프The Crepes of Wrath》

44

시각적 대화

시각적 대화가 무슨 말일까? 수화를 사용하는 것이 아니라면 이 말은 분명 오류가 아닐까? 하지만 이 말은 오류가 아니다. 다이앤 다웃파이어가 《창의적인 글쓰기 Creative Writing》에서 지적하듯이 초보 작가들은 흔히 외부와 단절된 상태에서 대화하는 등장인물을 만들어낸다.

그런데 이는 물리적 배경에 독자를 고정시킬 시각적인 단서가 전혀 없다는 사실을 의미한다. 한 가지 예로 다웃파이어는 자동차 안에서 두 사업가가 주고받는 대화를 만들어내기 시작한 학생에 관해 언급한다.

그 이야기는 극적이면서 잘 편집되었지만 그들이 대면하는 장면의 배경이 전혀 없었기 때문에 실패했다고 볼 수 있다. 한두 페이지를 읽은 후 그들이 차 안에 있다는 것을 잊어버렸고 마침내 그들이 밖으로 나오자 우리는 어리둥절했다.

이를 해결하는 한 가지 방법은 어떤 세부적인 배경을 포함하는 데 있다. 훨씬 더 복잡한 방법은 대화와 어떤 행동을 통합하는 것이다. 다시 말해서 등장인물에게 어떤 행동을 부여한다.

대화, 행동, 배경이 모두 함께 작용할 때 여러분은 사실상 독자를 그 이야기로 끌어당기는 역동적인 혼합요소를 갖추게 된다. 이에 관한 가장 간단한 예는 전형적인 레스토랑, 바, 카페 등의 장면이다.

웨이터가 빵과 로즈메리 향기가 나는 올리브유를 들고 나타났다. 음식을 테이블 위에 차려 놓고 그는 물러갔다. 조는 빵을 크게 한 조각 떼어내어 올리브유에 담갔다. 그러고는 소금을 약간 뿌릴 때까지만 기다렸다가 그 빵을 크게 한 입 베어 물었다.

"정말 괜찮은 거야?"

아카디아는 여전히 이해가 되지 않았다.

"기분 상하게 할 뜻은 없지만 네가 평소와 좀 다르게 보여서 그래."

"난 괜찮아."

조는 빵을 입 안 가득 넣고 씹으면서 말했다.

"문제는 이제 내가 뭘 하느냐, 라는 거지."

— 제인 앤 크렌츠, 《어둠 속 불빛Light in Shadow》

이런 대화가 전화 통화 중에 일어날 수 없는 이유는 사실상 없다. 그리고 조의 빵 맛을 정말 알 필요가 있을까? 그건 아닐 것이다. 여기서는 등장인물 수준과 배경 수준에서 이야기를 시각적으로 유지하는 것이 목적이다. 하나의 기법으로써 이는 효과가 있는데 소설과 영화에서 등장인물이 식사를 하며 대화하는 장면을 포함하는 이유이다.

담배를 피우는 것이 사회적으로 받아들여지지 않았던 시절에는 의례적으로 사용하는 담뱃불이 있었다. 많은 사립탐정들이 카멜 담배나 꺼지지 않도록 계속 신경 써야 하는 파이프로 독자를 사로잡았다.

건강을 의식하는 요즈음에는 그런 등장인물이 헬스장에서 운동을 하면서 서로 비밀을 주고받을 가능성이 많다. 하지만 대안은 많이 있고 등장인물을 바쁘게 움직이게 할 많은 방법들을 모아두는 것은 가치가 있다. 예를 들어 등장인물 중 한 명이 특이한 직업을 갖는다면 어떨까? 그렇다고 주인공이 될 필요는 없다.

　슈 크래프톤의 《여형사 K A is for Alibi》에는 사립탐정 킨제이 밀혼이 애견 미용실의 조련사와 인터뷰를 하는 장면이 등장한다. 그는 우플스라는 푸들의 털을 빗겨주고 동시에 깎아주면서 질문에 대답한다.

　지금 TV 드라마에서 한 여성이 주방 탁자에서 세이지와 양파로 된 양념을 만들던 장면이 생각난다. 그녀가 수다를 떨면서 양파를 자르는 모습을 아직도 떠올릴 수 있다. 아이디어를 얻으려면 어느 정도 영화도 봐야 한다. 주고받는 대화가 정적이지 않다는 것을 알게 된다.

 **글쓰기 연습**

등장인물이 대화하면서 행동할 수 있는 활동 목록을 만들어보라. 다음의 몇 가지 아이디어를 제시해 두었다.

가구를 이리저리 옮기면서, 바닥에 모래를 뿌리면서
울타리를 치면서, 청소를 하면서
카드놀이를 하면서, 옷을 다리면서
낚시를 하면서, 정원의 잡초를 뽑으면서

목록을 작성했다면 활동을 하나 고르고 주고받는 대화를 써보라. 이때 대화를 행동과 통합시키는 것에 유념한다.

45

5분 만에 쓸 수 있다

    5분 만에 이야기 하나를 쓸 수 있다는 말에 부정하며 고개를 가로 젓겠지만 분명 가능하다. 나를 믿어라. 물론 긴 이야기도, 훌륭한 작품도 아닐 테지만 무언가를 쓸 수는 있다.

    이야기를 만드는 데 가장 기본적인 요소가 무엇인지, 다시 말해 이야기가 존재하는 데 필요한 최소한의 조건이 무엇인지를 알면 된다. 이 요소를 제대로 갖춘다면 몇 마디로도 이야기 하나를 만들어낼 수 있다. 그 요소가 없다면 아무리 긴 글을 써도 하나의 만족스러운 이야기를 만들어낼 수 없다.

    다음 세 개의 예문을 살펴보라. 가능하다면 어떤 것이 최소한의 이야기 요소를 포함하는지 확인해보라.

- 한 남자가 자동차에서 뛰쳐나와 켄트, 로체스터의 교회 기념품점에서 물건을 훔친 세 명의 도둑을 쓰러뜨렸다. 그런데 그는 경찰을 기다리다가 주차위반 딱지를 떼였다.

- 뉴질랜드의 더니든이라는 작은 도시에서 초대받지 않은 한 하객이 수백 개의 결혼사진에서 발견되었다. 부부는 똑같은 여자가 약 40년 동안 이 도시의 거의 모든 가톨릭 결혼식 끝에 나타난 사실을 방금 알게 되었다.

- 혼자 살고 있는 남자는 불행했다. 그러더니 한 여자를 만났다. 그 결과 그는 행복했다.

이 세 가지 예문은 모두 이어지는 사건들을 포함하는 이야기이지만 세 번째 예문만이 최소한의 이야기 요소를 갖추고 있다. 하지만 여러분은 이 예문이 전혀 흥미롭지 않다고 주장할 것이다. 아마도 그럴 것이다.

'루트리지 서사문학 백과사전'에서 설명하듯이 한 이야기의 물리적 사건은 목적, 계획, 감정 등 심리 상태 및 사건과 관련되어 있어야 한다. 그리고 전반부의 변화가 후반부에 영향을 미쳐야 한다. 세 번째 예문만이 이런 기능을 갖추고 있다.

 첫 번째 예문은 전반부의 변화가 후반부에 영향을 주기 위한 등장인물의 심리 상태에 의존하지 않아 하나의 모순적인 일로 끝나는 일화가 되어버렸다. 두 번째 예문은 아주 흥미를 끄는 상황이지만 변화가 있는지 없는지 어떤 심리상태도 언급되지 않고 있다.

 그와 대조적으로 마지막 예문은 한 감정 상태에서 다른 감정 상태로, 즉 불행이 행복으로 완전히 바뀌는 주요 변화가 일어난다. 그리고 그 변화는 어떻게 일어난 것인가? 그렇다. 남자와 여자의 만남이라는 특정 사건으로 변화가 일어난다.

 그러니까 이 짧은 글은 간단한 설화에서 잡지 소설, 인물 소설 등에 이르기까지 인기를 끈 수없이 많은 이야기에서 찾아볼 수 있는 세 가지 연결 진행 방식을 갖춘다. 사실 세 번째 예문에는 더 많은 세부 내용이 필요하다.

 특정 사건으로 인해 하나의 감정 상태에서 다른 감정 상태로 바뀌는 아이디어를 생각해냄으로써 무한히 다양한 이야기의 문을 열 수 있다. 또한 꿈과 추억을 묘사하는 데 아무리 섬세하고 우아하게 썼더라도 왜 '우리 시장에는 맞지 않습니다'라고 휘갈겨 쓴 거절 쪽지를 받아야 하는지 인정하기 시작할 것이다. 그렇다고 꿈과 추억에 관한 묘사를 이야기 속에 담을 수 없다는 의미는 아니다. 다만 그 묘사가 이야기의 전체 역학에 중요한 역할을 하는지 확인해야 한다.

이제 최소의 요소를 갖춘 이야기가 얼마나 효과가 있고 여기서 잡지 소설이 하나의 큰 원천이라는 정보를 알았다면 그런 이야기를 만들어내는 것은 훨씬 쉬운 일이 된다. 모든 이야기는 하나의 주요 변화를 포함하고 있고 그런 변화는 늘 결말 가까이에서 일어나기 때문에 찾아내기 쉽다. 그것을 찾아냈다면 이제 그 변화를 유발하는 것이 무엇인지를 알아내는 것은 충분히 간단한 일이다.

한 예문을 살펴보자. 〈테이크 어 브레이크〉지에 기고된 레이첼 러벨의 소설 《메리의 문제 The Problem with Mary》에서 주인공은 딸 메리에게 실망한 엄마이다. 그녀는 평범한 딸을 원했지만 메리는 시험을 준비할 시간이 없다면서 16살에 학교를 중

퇴한다. 따라서 이야기 초반부는 주인공의 실망이 그려지고 분명 여기에는 변화가 필요하다.

변화를 유발하는 사건은 메리가 엄마와 자신 그리고 메리가 일하는 양로원의 한 장애 여성인 데이드레를 위해 계획하는 휴일에 일어난다. 처음에 엄마는 또 다른 누군가 때문에 휴일을 망쳤다는 생각에 화를 낸다. 그녀는 메리를 홀로 남겨두고 혼자 여행을 떠난다. 하지만 이후 그들 모두 관광 코스인 한 성을 방문했을 때 우연히 만나게 된다.

메리는 데이드레가 경치를 즐길 수 있도록 그녀의 휠체어를 계단 위로 올리려고 애쓰고 있다. 그때 데이드레가 메리에게 고마워하는 모습을 목격하게 된 엄마는 메리를 다른 시각에서 보기 시작한다. 바로 여기서 그 변화가 일어나는데 이와 같이 엄마의 시점에서 1인칭으로 쓰인 부분을 살펴보자.

"아름다운 그녀가 바로 당신의 메리예요."
물에 빠진 사람처럼 메리에게 의지했을 때 데이드레의 눈에서 눈물이 반짝거렸다.
"정말 아름다워요, 그것이 바로 그녀의 모습이죠."

내 눈에서도 눈물이 흘러내리기 시작했다. 자랑스러운 감격의 눈물이었다. "그녀는…"

나는 말을 꺼내기가 어려웠지만 이렇게 말했다.

"그녀는 특별한 존재예요."

그렇다. 분명 레이첼 러벨이 그 소설을 쓰는 데 5분보다 더 많은 시간이 걸렸지만 본질적으로 최소의 이야기 요소가 담겨 있다는 점을 볼 수 있기를 바란다. 그 소설은 다음과 같이 아주 간단하게 표현될 수 있다.

한 어머니가 딸에게 실망한다. 그 실망은 다른 사람을 행복하게 해 주는 딸의 능력을 알게 될 때 자부심으로 바뀐다.

이제 다음의 글쓰기 연습을 해보자.

5분 글쓰기 연습

다음 감정 상태 중 하나를 골라 최소의 이야기를 써보라. 그리고 한 감정 상태에서 다른 감정 상태로의 변화와 그 변화를 유발시키는 사건을 반드시 포함하라.

두 감정 상태가 서로 반대일 필요는 없지만 같은 연속체 상에 존재해야 한다는 사실에 주목해야 한다. 따라서 불행한 인물이 행복한 결말에 가까이 옮겨갈 수는 있지만 불행에서 놀라움으로 옮겨간다면 문제가 될 수 있다.

분노, 죄책감, 슬픔
근심, 미움, 수치
절망, 가망 없음, 걱정
망설임, 적대감, 외로움
두려움, 질투, 실망
비탄, 의혹

아니면, 그 외 자신의 감정 상태를 선택해보라.

46

만족스러운 결말도 한 걸음부터

작품의 결말 때문에 애를 먹고 있는가? 여러분만 그런 것이 아니다. 소설을 쓴다는 것은 등장인물의 문제와 도전을 창조해내는 일이지만 이야기의 결말은 맺어야 한다. 결말을 맺는다는 것은 초보 작가에게 큰 골칫거리가 될 수 있다. 대부분의 초보 작가들은 단편 소설로 등단한다.

사실 그들이 쓰는 작품에는 대부분 중반부가 없다. 이는 문제를 다루기 시작하면 필사적으로 해결하려고 고삐 풀린 말처럼 결말만을 향해 달리는 경향이 짙기 때문이다. 그 결과 독자에게 실망감을 안겨주는 부자연스러운 결말로 마무리를 짓는 경우가 부지기수이다.

여러분이 그런 경우라면 서두르지 마라. 단편 소설에서는 모든 것을 해결할 필요가 없다.

그렇다면 어떻게 해야 할까? 어느 이야기에서든 가장 중요한 것은 변화이다. 등장인물이 변화의 가능성을 볼 수 있다면 제대로 된 방향으로 노를 저어 갈 수 있다. 그리고 큰 변화를 생각하는 대신 작은 변화를 생각해보라.

소설가 데니스 로버트슨의 경험은 '작은 변화 생각하기'의 멋진 예이다. 1978년 로버트슨과 그녀의 가족은 남편의 건축 사업이 파산한 후 살림을 대폭 줄여야 했다. 힘든 시기를 보내는 중이었지만 당시 작가였던 로버트슨은 그 시기를 최대한 이용하려고 결심했다. '이 치유의 집에서 고통이 끝나다'라는 제목의 한 기사에서 그녀는 가족이 붉은 벽돌로 된 작은 집으로 이사한 상황을 '우리가 잃은 모든 것을 도로 찾아준 집'이라고 설명한다. 그녀는 이렇게 썼다.

> 그 집은 닳고 닳았지만 아름다운 빅토리아풍 테라스를 갖고 있었다. 그곳에서 처음으로 내가 한 일은 창문을 뚫고 들어온 바위를 치

우는 일이었다. 방 하나는 카키색이었고 또 다른 방은 검은색이었으며 침실은 자홍색이었다. 남편의 실업수당은 일주일에 19파운드였기 때문에 나는 목련색 페인트를 한 통만 살 여유가 있었다. 한 번에 한 통씩 서서히 방 전체에 목련색 물결이 퍼졌다.

나는 이 이야기를 무척 좋아한다. 현실과 마찬가지로 소설에서도 거의 딱 들어맞는 해결책은 없지만 그렇다고 작가들이 곤경에 처한 등장인물을 구하기 위해 영국의 특수부대나 부자 삼촌을 보내야 한다는 의미는 아니다. 또한 작가들이 능력이 없는 것도 아니다. '천리 길도 한 걸음부터'라는 옛 중국 속담이 있다. 따라서 다음번에 등장인물이 문제의 장소에 갇히면 목련색 페인트 한 통을 기억하라. 이는 글을 쓰기에 좋은 비유이다. 그러면 비유에 관한 글쓰기 연습을 해보라.

5분 글쓰기 연습

다음의 단어 목록은 모두 소설에서든 현실에서든 문제를 처리하여 한계를 극복한다는 비유적인 의미를 갖는다. 이는 결국 소설과 현실에서 진정한 의미가 무엇인가를 나타낸다.

예를 들어 우리는 모퉁이 돌기turning the corner: '고비를 넘기다'라는 뜻, 기회의 창문 바라보기 등에 관해 말한다. 이는 비유를 만들어내기 위한 연습이 아니라 말하자면, 선택한 단어들을 상상 속의 문을 여는 데 활용하는 연습이라 할 수 있다. 한 단어를 골라 5분 동안 자유롭게 써보라.

모퉁이, 사다리
창문, 강
문, 계단
출입구, 양탄자 마법의 관점으로 생각하기
산, 열쇠

47

부실한 등장인물을
살찌우는 방법

 '부실한' 또는 '평면적인' 등장인물이 생겨나는 문제는 흔히 단순한 근본 원인에서 비롯된다. 작가가 그들을 잘 알지 못하거나 개성을 이끌어내는 방법을 잘 활용하지 못하고 있기 때문이다. 때로 그대로 내버려두면 등장인물이 알아서 방법을 알려주기도 한다. 하지만 등장인물이 누구인지 또는 그들이 어떤 인물인지 정말 모른다면 다시 앞으로 돌아가 연습을 더 해야 할 것이다.

 고대 아프리카 속담에 '아이 한 명을 키우기 위해서는 마을 전체가 나서야 한다'라는 말이 있는데 이는 아이가 자라면서 주변 사람들에게 큰 영향을 받는다는 의미이다. 글쓰기 수업에서는 이런 아이디어를 창조적인 집단 사고에 포함하는 '등장인물 창조하기' 훈련을 한다.

먼저 각 학생들이 등장인물의 이름과 나이를 생각해내어 그것을 종이 맨 위에 적는다. 그러고는 그 종이를 건네받은 다른 사람이 인물의 이름을 읽고 그에 관한 또 다른 세부사항을 추가한다. 이런 식으로 다음 사람으로 계속 이어진다. 우리는 보통 '이 등장인물은 화가 나면 어떻게 하는가?' 또는 '등장인물은 속상한 일이 생기면 누구에게 의지하는가?' 등의 질문 목록으로 연습한다.

마지막으로 각각의 종이는 등장인물을 분석하는 데 사용하도록 맨 처음 주인에게 돌아간다. 이런 훈련은 여러 사람이 등장인물에게 다양한 특징을 부여함으로써 최초의 창조자에게 생각할 거리를 많이 제공한다. 최초의 창조자가 세부사항의 일부나 전부를 버리고 다른 세부사항으로 대체하느냐는 중요하지 않다. 중요한 것은 까다로운 문제 해결을 통한 사고이다.

결국 '살찌운' 등장인물은 이야기 범위 밖에서 살아 있는 사람들이고 작가가 발굴할 준비가 되었을 때 비로소 생겨날 수 있는 사람들이다.

이 말은 당연하게 들릴 수 있다. 하지만 글쓰기 수업에서는 늘 한두 명의 학생이 자신과 등장인물 사이에 적극적으로 장벽을 쌓는 경우가 있다. 그런 장벽을 쌓는 한 가지 주목할 만한 사례는 앞서 시행한 '등장인물 창조하기' 훈련을 끝낸 후, 한 학생이 등장인물에 관한 종이를 제출했을 때 일어났다.

그가 만들어낸 등장인물은 비밀 정보원이라는 신분이 '가려진' 인물이었다. 그것까지는 어느 정도 괜찮았다. 그런데 이 학생은 종이 위에 쓴 세부사항을 모두 가려진 인물의 특성으로 해석하여 실질적으로 사용하지 않았던 것이다. 그 결과, 그는 사실상 인물에 대해 아무것도 알아내지 못한 상태가 되고 말았다. 여러분이 등장인물을 알지 못하면 독자도 알지 못한다.

다음 글쓰기 연습에서는 수업에서 활용한 아이디어와 질문 목록을 확인할 수 있다. 여러분이 작가 집단에 속한다면 집단 연습에서 그 목록을 활용하고 싶을 것이다. 하지만 결국 혼자 힘으로 활용해보는 것이 가장 좋다.

우선 종이 맨 위에 등장인물의 이름과 나이를 적어보라. 이것이 집단 연습이라면 그 종이를 오른쪽에 앉아 있는 사람에게 건네주어야 한다. 왼쪽에 자리한 사람은 등장인물의 이름과 나이를 적은 종이를 여러분에게 건네줄 것이다. 이런 식으로 각각 새로운 세부사항이 계속 추가된다. 이 연습을 혼자 한다면 5분 동안 다음 질문에 가능한 한 모두 간단히 답해보라.

- 등장인물이 조언을 듣기 위해 누구에게 의지하는가?
- 등장인물의 '숨겨진' 속성은 무엇인가? 등장인물은 알고 있지만 다른 사람은 몰랐으면 하는 그런 속성을 의미한다.
- 등장인물의 '보이지 않는' 속성은 무엇인가? 다른 사람들은 알 수 있지만 등장인물은 인식하지 못하는 속성들을 의미한다. (긍정적이거나 부정적인 측면이 될 수 있음을 염두에 둔다.)
- 등장인물이 어린 시절에 겪었던 두려운 상황이나 두려웠던 순간을 파악하라.
- 등장인물이 가장 편안하게 느끼는 사람은 누구인가?
- 등장인물의 삶의 추진력은 무엇인가?
- 등장인물에 대해 다른 사람이 처음 인지하는 것은 무엇인가? 이는 시각적인 것이 될 필요는 없다는 사실에 주목한다.

- 등장인물의 가장 친한 친구는 누구인가?
- 등장인물이 잊어버리고 싶어 하는 한 가지 사건에 명칭을 붙여보라.
- 친밀한 관계에서 등장인물은 다른 사람에게 위안이 되거나 편안함을 주는 사람이 될 가능성이 큰가?
- 등장인물은 언제 화를 내고 그 화를 어떻게 표현하는가? (만일 화를 내지 않는다면 대신 무엇을 하는가?)
- 등장인물은 돈을 낭비하는 사람인가? 아니면 절약하는 사람인가?
- 등장인물의 약점은 무엇인가?
- 등장인물은 언제, 어디서, 무엇을 먹는가?
- 등장인물은 어떤 '가면'을 쓰는가? (등장인물이 '행복한' 얼굴 뒤로 감정을 숨기는가?)
- 등장인물은 어떤 음악을 좋아하는가?

답변 목록을 완성했다면 수집한 정보를 영감으로 사용하면서 등장인물에 관한 글을 자유롭게 써보라. 내 학생들은 이것을 '등장인물에 관한 장황한 연구'라고 언급하는데 이는 정확한 표현이다. 문체와 문법에 신경 쓰지 않아도 되니 그냥 글로 써보라.

또한 쓰고 싶은 소설에 잘 맞는 자료집을 만들어내기 위해 질문을 추가하거나 삭제할 수 있다. 예를 들어 로맨스 소설을 쓴다면 등장인물의 완벽한 파트너에 관한 아이디어를 포함하고 싶을 것이다. 스릴러물에는 등장인물의 가장 깊은 두려움을 알아내는 것이 유용할 것이다. 선물을 사는 등장인물의 태도 등 몇 가지 예측할 수 없는 요소도 마음껏 포함시켜보라.

제레미 클락슨은 해러즈 백화점에서 크리스마스 선물을 고를 때 정문에서 30피트 내에 진열된 물건에 가장 먼저 관심을 기울인다고 한다. 이런 태도는 그의 수입, 사회적 지위, 성격 등에 대해 많은 것을 알려준다.

48

꿈과 이상은 주소로부터

언젠가 벽돌과 콘크리트로 만들어진 작은 집을 산 적이 있었는데 그 지역의 명칭은 배드저스 코프스Badgers Copse, '오소리 잡목림'이라는 뜻였다. 오소리는 한 번도 보지 못했고 집집마다 앞마당의 잔디에 있는 막대기 같은 어린 나무가 유일한 잡목림이었다. 지역 개발자들은 새로운 주소를 만들어내고자 노력을 멈추지 않았다. 그들의 노력 덕분인지 브라이어 워크Briar Walk, 체리 트리 클로즈Cherry Tree Close, 메이플 그로브Maple Grove 등과 같은 지역명이 생겼다. 하지만 어느 곳에서도 해당 명칭의 나무를 찾아보기가 힘들었다.

요즈음은 아파트가 인기다. 웅장한 아파트를 원하는가? 채츠워스나 버킹엄으로 시선을 돌려라. 아니면 ABC 드라마 〈위기의 주부들Desperate Housewives〉에 등장하는 위스테리아 레인을 선호할지도 모른다. 어쩌면 케이프 코드에 압도될 수도 있다.

그렇지만 화려한 겉모습과 달리 건물 내부는 실망할지도 모른다. 그렇다면 이는 허울뿐인 환상인데 왜 사람들에게 효과가 있는 것일까?

개발자들은 사람들이 꿈꾸는 최고의 장면을 팔기 때문이다. 인테리어 디자이너인 디 호킨스는 자사 공식 웹사이트에 '우리는 모델 하우스에서 꿈과 이상을 팔고 있습니다'라고 적어두었다.

그 꿈과 이상은 주소에서 시작한다. 타이어 팩토리 레인Tyre Factory Lane은 악취가 나고 시끄러운 소음이 들리는 것처럼 보이는 반면, 스프링 밸리Spring Valley는 꽃과 구릉으로 이루어진 초원의 이미지를 떠오르게 한다. 첫 인상은 쉽게 사라지지 않는다.

결과적으로 등장인물을 위한 주소를 만들어내는 것은 독자의 상상력과 작가의 상상력을 모두 촉진시키는 강력한 방법이다. 대프니 듀 모리에의 《자메이카 여인숙Jamaica Inn》, 해롤드 로빈스의 《파크 애비뉴 79번지79, Park Avenue》, 세바스천 폭스의 《녹색 돌고래 거리On Green Dolphin Street》의 제목을 살펴보라. 이 책들은 이야기가 전개될 배경을 확실하게 알려준다.

디 윌리엄스가 런던의 이스트 엔드를 배경으로 시작한 대하 역사 소설에 그랬던 것처럼 장소에 특정 인물을 추가하면 흥미는 한층 더 높아진다. 대표적인 소설로 《컬버 로드의 캐리Carrie of Culver Road》《호프 스트리트의 한나Hannah of Hope Street》《앨버트 뮤즈의 애니Annie of Albert Mews》가 있다. 루시 모드 몽고메리는 이 기법을 《빨강머리 앤Anne of Green Gables》으로 시작하는 그녀의 고전 시리즈에 활용했고, 헬렌 한프는 《채링크로스 84번지84, Charing Cross Road》의 속편인 《블룸스버리가의 공작부인The Duchess of Bloomsbury Street》에서 이 기법을 적용했다.

또한 등장인물과 주소가 어떻게 상징적인 차원에서 상호 작용할 수 있는지를 생각해보라. '공작부인'과 '블룸스버리'는 유명 인사의 행보가 엿보이는 문학의 분위기를 살려내는 반면 이브 가넷의 《막다른 골목의 일곱 아이들The Family from One End Street》은 친밀하고 편안한 느낌을 선사한다.

5분 글쓰기 연습

- 다양한 거리 주소를 만들어보라. 물론 거리에 집착할 필요는 없다. 도로명이나 마음에 드는 곳은 무엇이든 포함할 수 있다. 영감을 얻을 수 없다면 지도를 살펴보거나 자가용이나 대중교통을 이용할 때 지나치는 여러 길을 간단히 적어보라.

- 실제든 상상이든 거리 하나를 선택해서 그 부근에 살게 될 사람들에 관한 목록을 수집해보라. 예를 들어 그린 폰드 레인은 윈체스터와 롬지 사이에 위치하며 내가 자주 지나치는 거리이다.

22번지에는 누가 살까? 사실 22번지가 있는지도 모르지만 그런 상상은 무조건 환영할 일이다. 나는 깨끗한 현관에 참나무로 된 출입문과 월계수 나무를 심은 화분이 있다는 즐거운 상상을 해본다. 그리고 그 문이 열리고 한 여자가 밖으로 나오는 상황도 그려본다. 그녀는 젊은 여성이며 화사한 프린트 스커트와 짧은 재킷을 입고 있다. 이름은 나타샤이지만 친구들은 그녀를 타시라 부른다. '그럼 옆집에는 누가 살까?' 등을 상상해볼 수 있다.

49

이것은 어떤 느낌일까?

소재를 얻을 수 있는 수많은 방법이 있지만 나는 작가들이 처음에 영감을 받은 이야기에 끊임없이 매료된다. 이 책에서 그런 이야기를 가능한 한 많이 다루려고 했으며 늘 더 많은 이야깃거리가 생긴다. 오늘만 해도 나는 조안나 트롤로프의 인터뷰를 출판사 공식 웹사이트에서 우연히 발견했다. 트롤로프의 소설은 모두 블랙스완 출판사의 자회사인 트랜스월드를 통해 출간되고 있으며 웹사이트에서 다른 작가의 인터뷰도 찾아볼 수 있다.

작가는 대부분 등장인물이나 장소로 글을 시작하려고 하지만 트롤로프는 아이디어가 가장 우선이라고 말한다. 그녀는 어떤 딜레마를 제기하는 감정적 상황을 선호하는데 그것이 무엇이 되었든 '이것은 어떤 느낌일까?'라는 질문에 대답할 수 있어야 한다는 것이다.

예를 들어 '다른 사람의 직업을 가져보면 어떤 느낌일까?', '큰 슬픔을 겪는다는 것은 어떤 느낌일까?', '파탄이 난 가정의 아이가 된다면 어떤 느낌일까?', '30세에 독신이라면 어떤 느낌일까?', '계모와 사랑에 빠지는 것은 어떤 느낌일까?' 등의 질문이 될 수 있다.

트롤로프에게 이런 아이디어는 매우 유동적인 창조의 단계라 할 수 있다. 그녀는 한 아이디어가 전망이 있어 보이면 새로운 이야기가 나타날 때까지 유용한 정보의 조각들을 노트에 옮기기 시작한다.

이와 마찬가지로 10대를 위한 스릴러물과 살인 추리 소설을 쓰는 앤 캐시디는 주인공의 감정을 탐구하는 것이 이야기 전체의 흐름을 잘 돌아가게 하는 데 도움이 된다고 한다. 예를 들어《실종된 주디 Missing Judy》에서 캐시디는 실종된 딸을 둔 한 가족을 만들어냈다. 하지만 그녀는 실종된 소녀에 초점을 맞추는 대신, 뒤에 남은 형제자매의 모습을 그려냈다. 실종된 아이의 형제자매가 되는 것이 어떤 느낌일지 궁금했던 것이다.

《제이제이 찾기Looking for JJ》에서는 캐시디가 살인을 저지르는 아이들의 충격적인 세계를 탐험하고 싶어서 친구를 살해한 죄로 감옥에 수감된 소녀를 주인공으로 선택했다. 상상해볼 수 있듯이 이는 결코 쓰기 쉬운 책이 아니었다. 아이를 그냥 악마로만 만드는 건 너무 쉬운 일이다. 하지만 캐시디는 그렇게 하지 않았다. 대신 옥고를 치르고 감옥에서 풀려날 때 소녀의 느낌을 상상하려고 했다.

'그녀는 과거를 영원히 잊을 수 있을까? 그리고 자신을 용서할 수 있을까?' 그 방식은 캐시디에게 효과가 있었고 독자들도 크게 호응했다. 《제이제이 찾기》는 북트러스트 10대 도서상을 수상했으며 이후 여러 시상식에서 최종 후보자 명단에 올랐다.

작가 양성 교육과정에서는 흔히 이 방식을 자신의 전문 분야가 무엇이든 학생들이 언제든 꺼내보는 자극제들을 만들어내는 데 활용한다.

5분 글쓰기 연습

'~ 하는 것은 어떤 느낌일까'라는 말로 시작하는 목록을 만들어보라.

마음껏 상상력을 발휘하거나 엉뚱한 발상을 해보라. 나는 스티븐 크보스키가 어떤 영감을 받아 성인 소설 《월플라워 The Perks of Being a Wallflower》를 썼는지 모르지만 한 가지 사실만은 분명하다. 그는 틀림없이 글을 쓰기 전에 먼저 '이건 어떤 느낌일까?'라는 질문을 자신에게 수없이 던졌을 것이다.

'~ 하는 것은 어떤 느낌일까'에 관해 가능한 한 많은 아이디어를 떠올려보라. 이후, 그중 아이디어 하나를 선택해 장문의 글을 쓰기 위한 자극제로 사용하면 된다.

50

음식에 관한 나만의 추억

어린 시절 숀 디바인과 지미 마커스의 아버지들은 콜먼 사탕 공장에서 함께 일했고 일을 끝내면 고약한 초콜릿 냄새를 풍기며 집으로 돌아왔다. 그 냄새는 그들의 옷과 침대, 심지어 자동차 좌석의 비닐 등받이에까지 완전히 배어 버렸다. 숀의 집 주방에는 퍼지시클 냄새가 났고 욕실에는 콜먼 츄츄 막대사탕 냄새가 났다. 그들은 열한 살이 되자 단것은 냄새조차 맡기 싫어졌고 그 뒤로 평생 커피는 블랙으로만 마셨으며 디저트는 아예 입에 대지도 않았다.

— 데니스 루헤인, 《미스틱 리버 Mystic River》

음식과 인간과의 관계는 태초부터 떼려야 뗄 수 없으며 사회성마저 띠기 때문에 사람들은 모두 음식을 등장인물로 활용하는 소설에 공감할 수밖에 없다. 탄탄한 스릴러물인 《미스틱 리버》의 작가 루헤인은 초콜릿에 관한 어린 시절의 추억을 사용해 두 소년의 친밀성을 특징짓고 그들이 공유한 과거를 나타낸다. 이 글을 읽으면서 우리는 초콜릿 냄새를 맡을 수도 있고 맛도 느낄 수 있다. 결과적으로 감각의 영역 안에서 이야기 속으로 쉽게 빨려 들어가게 된다.

음식을 소설에 활용하는 방식은 매우 훌륭한 비법이다. 엘리자베스 베인스의 단편 소설인 《빵 해설집 A Glossary of Bread》을 살펴보라. 저명한 〈스탠드 매거진〉지에 먼저 실렸던 이 책은 아이의 시선을 통해 유배와 인종 차별이라는 유산을 탐험한다. 한정된 지면에서 많은 언급을 해야 했기 때문에 베인스는 아이의 개별적인 성장기 추억을 연결하는 수단으로 갖가지 빵들을 솜씨 좋게 활용했다.

음식은 공감을 불러일으키는 힘이 있다. 그 때문에 우리는 음식을 이용해 등장인물의 사실적인 모습을 설정할 뿐만 아니라 과거의 모습과 사건을 떠올릴 수 있다. 3,000페이지나

되는 《잃어버린 시간을 찾아서Remembrance of Things Past》의 작가인 마르셀 프루스트는 차茶에 적신 케이크의 맛으로도 자신의 '잃어버린' 젊은 날의 추억이 충분히 되살아난 사실을 이렇게 설명한다.

> 고모가 내게 준, 라임 블로섬을 달인 물에 담근 마들렌 조각의 맛이란 걸 깨닫자 그 순간 길가에 위치한, 고모의 방이 있는 회색의 옛집이 무대장치처럼 나타나 본채 뒤편의 작은 별채와 연결되었다. 그리고 이 집과 더불어 아침부터 밤까지 어떤 날씨에도 내가 돌아다니던 마을, 점심 전에 다녀와야 했던 광장, 심부름을 다니던 거리, 날씨가 좋을 때 우리가 다니던 시골 길들이 모두 나타났다.

프루스트에게 차는 마들렌 케이크를 맛보고 즉시 떠오르는 추억일 뿐만 아니라 잠자고 있던 정서적인 과거의 강력한 촉매 역할마저 한다. 프루스트에 따르면 '나의 차 한 잔에서 갑자기 존재, 마을, 정원 등이 나타났다'.

그런 이미지들은 소설이 싹트는 거름이 된다. 레이 브래드버리는 《민들레 와인Dandelion Wine》의 서문에 이렇게 썼다.

'나는 살아오면서 늘 이미지를 모아놓고 먼 곳에 쌓아두고는 잊어버렸다. 어떻게 해서든 과거로 돌아가 그 기억들을 펼쳐놓고 무엇이 있었는지 확인해야 했다.'

음식은 감각과 관련이 있기 때문에 완벽한 촉매 역할을 한다. 우리는 음식의 맛만 보는 것이 아니라 눈으로 보고, 냄새를 맡고, 손으로 만지고, 귀로 들을 수도 있다. 사과를 아삭아삭 베어 무는 소리, 베이컨을 바삭하게 굽는 소리, 크렘 브릴레(캐러멜로 만든 설탕을 넣은 크림으로 차게 해서 먹는 디저트)가 갈라지는 소리 등을 생각해보라.

글쓰기 수업에서는 잊고 있던 자신의 이미지를 되찾는 데 도움이 되도록 다음 글쓰기 연습을 종종 이용한다.

5분 글쓰기 연습

음식에 관한 추억이 있다면 그것은 무엇인가? 베스트셀러 작가인 웬디 홀덴은 언젠가 음식에 관한 추억을 집 밖에 정차하곤 했던 웨스트 요크셔, 클러키턴의 미스터 위피 아이스크림 트럭으로 묘사했다. 그 맛은 '취할 정도로 배기가스와 섞여 있었다'고 한다.

음식에 관한 자신만의 추억을 목록으로 만들어보라. 가장 어린 시절부터 시작해서 최근에 이르기까지 떠올려보라. 그런 다음 그 추억들 중 하나를 골라 좀 더 길게 써보라.

51

그래서 무슨 일을 하세요?

일반적인 직업보다 더 매력적인 직업을 가진 등장인물을 만들어낼 때 한 가지 기억해둘 사실이 있다. 경찰관이나 사립탐정과 마찬가지로 의사, 간호사, 수의사 등은 오랫동안 사용해온 단골소재였다. 하지만 최근에는 조금 뻔한 직업이 되어버렸다.

흥미로운 직업을 선택하는 것은 등장인물에 생기를 더하는 좋은 방법이다. 파티에 막 도착한 가스공사 사무원과 초콜릿 아티스트. 당신이 이 소설의 주인이라면 누구를 선택하겠는가? 선택이 어려운가? 분명 초콜릿 아티스트를 선택할 것이다.

소설도 마찬가지이다. 수전 올린의 논픽션 소설 《난초도둑》이 대표적인 사례이다. 주인공 존 라로슈가 너무 매력적인 인물이어서 컬럼비아 영화사는 영화로 각색하고자 작가 찰리 카프먼과 계약을 맺었다.

> 존 라로슈는 꼬챙이처럼 마르고, 눈은 흐리멍덩하고, 어깨는 구부정하며, 앞니를 모두 잃어버렸는데도 불구하고 잘생긴 키 큰 사내이다. 그리고 그는 적당히 씹히는 맛이 있는 스파게티에 대한 애정과 비디오 게임을 많이 하는 사람이 흔히 갖고 있는 예민한 신경을 지니고 있다.

하지만 식물 중개인이라는 라로슈의 직업과 희귀한 난초를 찾아다니는 그의 집착은 그를 매우 매력적으로 만든다. 사실 그는 난초에 관한 한 매우 열정적이어서 언젠가 플로리다 남부의 자연보호지역인 파카해치 해변의 보호종을 훔친 죄로 체포된 적도 있었다.

카프먼은 색다른 아이디어를 추진하기 위해 난초 도둑의 열정과 집착의 세계를 활용하면서 동시에 영화를 위한 줄거리를 재창조했다.

특이한 직업은 오래된 주제에서 새로운 관점을 끊임없이 찾는 장르 소설에 유용하다. 로맨틱 타임스 북 클럽이 자체 웹사이트에서 설명하듯이 주인공의 직업은 일반적으로 갈등을 만들어내는 데 핵심 역할을 한다.

남자 주인공은 토네이도 사냥꾼이지만 여자 주인공은 그 위험한 직업이 자식에게 미치는 영향을 염려하는 사회복지사이다. 여자 주인공이 조경 디자이너였다면 남자 주인공은 그가 요구하는 일을 결코 해낼 수 있는 여자는 없다고 믿는 엄청난 자산가였을 가능성이 높다. 아니면 남자 주인공과 여자 주인공이 같은 분야에서 일하는 경쟁자일 수도 있고, 남자 주인공의 직업이 완전히 새로운 것이어서 여자 주인공을 꼼짝 못하게 할 수도 있다.

등장인물에게 특이한 직업을 설정하면 직업에 관해 연구할 기회가 되는 큰 이점을 얻을 수 있다. 그 연구는 창의적인 샘에 영양을 서서히 공급해 새로운 사고를 향한 문을 열어줄 것이다.

여자 회계사와 남자 양치기 농부가 우연히 만나는 단편 소설을 쓴 적이 있다. 한때 회계사 사무실에서 임시직으로 있었던 나는 대차대조표와 부가가치세에 상당히 익숙했지만 양을 기르는 일에 대해서는 전혀 몰랐다.

지역 도서관에서 빌린 몇 권의 책이 그 문제를 해결해주었다. 그 책을 모두 읽은 후 농장 안마당에서 어쩔 줄을 몰라 허둥대는 도시인 회계사를 만들어내고도 남을 만큼 많은 소재를 얻을 수 있었다. '잠들기 전 숫자 세기Counting Sheep'라는 그 이야기는 여성 잡지에 실렸다.

물론 요즈음 많은 웹사이트들이 직업을 바꾸려는 사람들을 겨냥하고 있다. 에어라인커리어닷컴AirlineCareer.com은 근무일에 관한 경험의 글, 유명인사 다루는 법 등을 비롯해 어떻게 하면 승무원이 되는지를 정확히 알려준다. 어떻게 하면 직업 도박사가 될 수 있는지에 대한 글도 있다.

사실을 담은 정보보다 더 많은 것을 얻었다면 등장인물에 생기를 불어넣는 데 도움이 될 것이다. 일반적으로 약간의 일화를 포함하고 있는 1인칭 시점의 이야기는 특이한 직업을 갖는 것이 사실상 어떤 느낌인지를 이해하는 데 매우 유용하다.

5분 글쓰기 연습

- 여러분이 경험했던 모든 직업을 목록으로 만들어보라. 휴일 근무, 임시직 등 단 하루라도 해본 적이 있다면 무엇이든 괜찮다. 그리고 좋아했던 직업과 싫어했던 직업을 적어보라.

- 목록을 살펴본 후 5분 동안 글쓰기에 사용할 직업을 하나 골라라.

- 꿈꾸던 직업들의 목록을 만든 다음, 가장 좋아하는 직업을 조사하여 정확히 어떤 일인지를 알아보라.

- 가장 특이하다고 생각하는 직업들을 목록으로 만들어보라. 아무것도 생각나지 않는다면 낸시 리카 쉬프의 《기이한 직업들: 세상에서 가장 별난 직업들 Odd Jobs: Portraits of Unusual Occupations》을 살펴보라.

52
:

우리는 모두 한 시스템에 속한다

부부 상담원으로 일했을 때 부부를 개별적인 존재가 아닌 시스템의 일부로 보라는 교육을 받은 적이 있다. 여기서 말하는 시스템은 가족, 친구, 직장, 대중매체 등을 포함한 사회적, 문화적 영향력이라는 하나의 네트워크를 말한다.

이러한 접근은 다른 사람과 상호작용을 통해 발전한다는 개념에 바탕을 두고 있다. 따라서 어떤 관계든 그 관계에서 문제가 생길 때 이를 해결하기 위한 열쇠는 흔히 그 문제가 깊이 자리 잡고 있는 시스템을 이해하는 것에 달려 있다. 심리학자 린 남카는 이렇게 설명한다.

> 한 시스템의 구성원들은 움직이는 모빌의 물체와 같다. 모빌의 한 물체를 건드리면 전체 모빌이 다 움직이는 것처럼 시스템 속 한 구성원의 행동은 다른 구성원에게 영향을 준다.

이 이야기가 소설과 무슨 관계가 있는 것일까? 모든 것이 관계가 있다. 초보 작가들의 이야기가 대부분 실패하는 이유는 독자들이 한 시스템의 일부에 속하는 주인공을 너무 잘난 척하는 존재로만 보기 때문이다. 현실에서는 사람들이 그런 식으로 살지 않는다.

이런 방식에 익숙한 독자들은 이야기 속에서 혼자 잘난 척하는 주인공을 평면적인 존재로 볼 수밖에 없다. 예를 들어 주인공이 너무 서둘러 목적을 추구해서 독자들이 주인공 삶의 다른 영역을 전혀 알지 못한다면 이런 문제가 쉽게 생길 수 있다.

고려해야 할 관계가 단 하나만 있다면 자신의 삶이 어떠할지 상상해보라. 우리는 대부분 직장, 가정, 사회 등의 의무에 균형을 이루어 정서적 수준에서 한꺼번에 여러 일을 처리해야 한다. 결과적으로 소설 속 부실한 인물들을 살찌우는 가장 쉬운 방법은 그들에게 가족이나 가족 대체요소를 제공하는 것이다.

  이는 가족 이야기를 써야 한다는 의미가 아니다. 대신 등장인물의 삶을 복잡하게 하는 데 가족을 활용할 수 있다는 의미이다. 마이클 크라이튼의 소설 《떠오르는 태양Rising Sun》은 이런 기법을 활용한 좋은 예이다.

  이 소설은 국제 금융의 세계가 배경이 되는 스릴러물이지만 이야기는 가정에서 시작한다. 특수 수사계 형사 피터 스미스는 두 살짜리 딸이 잠자는 동안 어학 테이프로 일본어를 익히고 있다.

> 나는 내 딸을 위해 다시 제자리에 정리해둔 미스터 포테이토 헤드와 나란히 침대 머리맡에 교재를 펼쳐 놓았다. 그 옆에는 사진 앨범이 있었는데 거기에는 딸아이의 두 번째 생일에 찍은 사진이 들어 있었다. 미셸이 생일 파티를 하고 4개월이 지났지만 여전히 그 사진을 두고 있었다. 세월을 따라잡으려면 노력을 해야 하는데…. 그 사진은 더 이상 현실을 반영하지 않았다. 4개월이 지난 지금 미셸은 완전히 달라 보였다. 키가 더 자랐다. 전처가 사준 흰 레이스 칼

라에 블랙 벨벳으로 된 비싼 파티복도 이제 작아서 맞지 않았다.

독자들이 피터에 관해 알게 되는 사실은 그를 공감하는 데 도움이 된다. 미스터 포테이토 헤드와 사진 앨범은 그가 다정한 아빠라는 점을 보여준다. '세월을 따라잡으려면 노력을 해야 하는데…'라는 말로 보아 그는 양심적인 사람이다. 또한 아이들이 얼마나 빨리 자라는지 절실히 의식하고 있다.

그 세계의 부모들은 모두 그 점에 공감할 것이다. 그리고 그는 싱글 파파이다. 소설 곳곳에서 스미스는 집에서 팬케이크를 요리하고, 침대를 정돈하고, 딸이 위협을 당할 때 보호해주는 등 계속 딸을 보살핀다.

이런 부차적인 줄거리는 그의 또 다른 모습과 우리가 진심으로 공감하는 모습을 동시에 보여주면서 중심 줄거리와 함께 존재한다. 결과적으로 크라이튼이 업무 능력만 발휘하는 스미스를 보여주었다면 그는 진정한 인물이 되지 못했을 것이다.

5분 글쓰기 연습

등장인물의 삶의 여러 부분에 대해 생각하면서 그 인물이 직장에서 집으로 돌아오는 상황을 상상해보라. 이제 그런 부분들 중 하나를 나타내는 부차적인 줄거리 하나를 빨리 써보라.

부차적인 줄거리를 단순히 주요 사건에 대한 또 다른 관점으로만 보아서는 안 된다. 그것은 인물의 삶의 또 다른 차원, 즉 부수적인 문제나 목적의 원천이 된다.

크라이튼이 피터 스미스에게 했던 것처럼 그냥 바로 뛰어들어서 등장인물의 마음속에 문득 떠오르는 생각들을 기록하라.

53

정말 무엇을 원하는가?

　작가 양성 교육과정 초기에 나는 늘 학생들에게 '정말 무엇을 원하는가'라는 주제로 글쓰기 연습을 시키곤 한다. 내가 참견을 잘하는 사람이기 때문이 아니라 성취, 사랑, 생존 등의 욕구가 소설을 이끌어가는 추진력이기 때문이다.

　아리스토텔레스의 말을 빌려보자면 우리는 우리의 욕구대로 형성된다. 욕구가 없다면 어떤 것을 할 동기가 없어지고 욕구가 없는 이야기는 대체로 너무 따분해서 독자들을 만나지 못한다. 의식적으로든, 무의식적으로든 우리는 욕구를 실현하려고 애쓰고 또 그렇게 하기로 선택하는 방식이 인간답다.

돈 걱정에서 벗어나고 싶은데 어떻게 하면 이를 해결할 수 있을까? 누군가는 복권을 살 것이다. 또 다른 누군가는 쉴 틈 없이 계속 일할 것이다. 제3의 누군가는 일확천금을 꿈꾸며 위험한 계획에 투자할 것이다.

현실에서는 욕구가 운명을 만든다. 쉼 없이 일하는 사람은 기다리다 지쳐 떠나버린 연인이라는 현실을 맞이할 수 있다. 복권 구매자는 매주 같은 가게를 방문하다가 점원과 친해질 수 있다. 일확천금을 꿈꾸는 자는 친척으로부터 돈을 빌리기 시작하여 결국 갚지 못하고 빚에 허덕일 수 있다.

소설에서는 욕구가 이야기의 가능성을 만든다. 등장인물이 뭔가를 더욱 간절하게 원할수록 그들은 더 많은 행동을 취한다. 그것이 바로 줄거리를 생동감 있게 하는 근거가 된다.

하지만 등장인물의 바람과 욕구에 관한 글을 쓰기 전에 우리는 먼저 자신의 욕구부터 인정해야 한다. 놀랍게도 그렇게 하는 것을 어려워하는 학생들이 있다. 그들은 칭찬할 만한 욕구를 찾으려고 애쓴다. 아마도 세계평화나 인간의 고통을 끝내는 방법만 찾나 보다.

우리는 언제나 주변 사람들에게 선량한 사람으로 보이고

싶어 하므로 이해할 수는 있다. 하지만 소설은 오히려 이타적이지 않은 토양에서 싹트는 경향이 있다. 그곳에는 자아 발견의 여정을 걷는 인물 또는 자멸의 여정을 걷는 인물이 살고 있다. 너무나 왕이 되고 싶어 가장 친한 친구를 살해하는 맥베스를 생각해보라.

가질 수 없는 것을 탐하는 맥베스처럼 행동할 필요는 없다. 소설을 읽고 쓰는 매력의 일부는 그런 욕구를 탐구하는 데 있다. 계속 앞으로 나가려면 다음 글쓰기 연습을 해보라.

5분 글쓰기 연습

지금 원하거나 지금까지 살면서 원했던 것을 열 가지 목록으로 만들어보라. 크고 작은 것 또는 시시한 것까지도 모두 포함하라. 어떤 이유가 되었든 불가능하다고 여기는 것도 괜찮다. 학생들 중 한 명은 몽상이라고 여겼던 것이 자신이 원했던 꿈이라는 사실을 깨닫고서 가장 원했던 것들에 대한 시를 썼다.

54

반대말이 의미를 만들어낸다

언어가 얼마나 많은 반대말로 구성되어 있는지 생각해본 적이 있는가? 누군가가 "요즘 어떠세요?"라고 물으면 보통 "아, 알다시피, 좋다가 나쁘다가 합니다"라고 대답한다. 또는 "으, 오늘 매우 춥죠?"라고 물으면 "네, 하지만 내일은 따듯해질 거라고 하네요"라고 대답한다.

이러한 표현은 광고에도 자주 등장한다. '바삭바삭한 견과 초콜릿으로 둘러싸인 부드러운 아이스크림'과 같은 카피가 적절한 예시일 것이다. 이는 《미녀와 야수Beauty and the Beast》《왕자와 거지The Prince and the Pauper》《하얀 눈과 붉은 장미Snow White and

Rose Red》와 같은 소설 제목에서도 등장한다.

스위스 언어학자인 페르디낭 드 소쉬르와 프랑스 인류학자인 클로드 레비 스트로스에 따르면 이런 현상은 우연이 아니다. 세계는 이항 대립binary oppositions에 – 낮과 밤, 왼쪽과 오른쪽, 자연과 문명 – 기반을 두고 있다. 다시 말해 우리는 사물 자체로부터 의미를 끌어내지 않고 다른 사물과의 관계에서 끌어낸다.

'가난한'이라는 개념이 없다면 '부유한'이라는 의미를 어떻게 설명할 것인가? 이와 마찬가지로 맨 윗부분은 맨 아랫부분 없이, 삶은 죽음 없이, 남자는 여자 없이 의미를 갖지 못한다.

여기서 그치는 것이 아니다. 평론가들은 대부분 반대나 대조가 이야기를 이해하기 위한 기본 요소라고 주장한다. 레비 스트로스는 내용과 등장인물의 문화적 차이에도 불구하고 신화, 전설, 민담 등이 왜 보편적인 공감대를 갖고 있는지를 생각해보라고 주장한다. 그에 따르면 이야기의 구조적 유사성에 그 해답이 있다. 어떤 신화를 가장 작은 구성 요소로 줄여보면 일련의 이항 대립들을 – 또는 한 쌍을 이루는 대조관계 – 발견할 수 있다.

이 사실을 밝히기 위해 그리 멀리까지 들여다볼 필요는 없다. 옛 이야기에는 언제나 영웅과 악당, 협력자와 적대자, 목표와 장애, 장점과 약점, 정의와 불의 등이 존재한다. 우리는 이런 대립 관계들을 당연시하고 이에 빠져 있으며 – 어쩌면 초보 작가의 이야기에서 그렇듯이 – 어떤 양식을 이용할지 궁금해 한다. 따라서 신화는 하나의 언어이다. 다시 말해 우리에게 전하는 문화적, 역사적 경계를 초월하는 보편적인 이야기이다.

관심을 사로잡는 소설을 쓰고 싶다면 대립 관계를 사용해야 한다. 범죄 소설을 즐겨 읽는가? 〈옵서버〉지의 최근 기사에서 프랑스 작가 프레드 바르가스는 그런 이야기의 매력이 동화와의 유사성에 있다고 주장한다. 살인자는 용이고, 탐정은 어두운 숲을 뚫고 그들의 길을 찾아야 하는 갑옷 입은 기사이다. 그녀에 따르면 그것은 '우리가 살아남기 위해, 더 잘 살기 위해, 삶의 위험을 설명하기 위해 자신에게 말하는 이야기들이다. 그리고 우리가 계속 나아가는 방법을 발견하는 것은 오로지 위협에 직면할 때이다'.

대립 관계는 여러 차원에서 작용할 수 있다. 깊은 차원에서는 선악의 대결과 같은 무한한 변형을 갖는 대립 관계를 발견할 수 있다. 더욱 분명한 차원에서 보면 그 관계는 모습이 매우 다른 두 인물이 될 수 있다. 예를 들어 《악의 수단 Means of Evil》에서 루스 렌델이 경감 웩스포드와 버든을 소개하는 방식에서 살펴볼 수 있다.

> 예순을 바라보는 웩스포드는 키가 크고 볼품없는 꽤 못생긴 남자이다. 한때 그는 비만이라 할 정도로 뚱뚱했지만 건강상의 이유로 지금은 수척하게 살이 빠졌다. 거의 20년 동안 부하로 지낸 버든은 날씬한 남자이다. 그는 냉담한 표정을 지니고 있으며 금욕적이면서 잘생겼다.
> 좋은 아내가 있는데도 불구하고 웩스포드의 옷은 늘 빈민구호 단체인 '워온원트' 가게에서 나오는 기성복처럼 보이는 반면, 홀아비인 젊은 버든의 옷은 아주 깔끔하게 재봉되어 있다.

두 인물의 모습이 관심과 무시라는 더욱 근본적인 대립 요소를 얼마나 반영하고 있는지에 주목할 수 있다. 또한 건강과 질병, 결혼과 미혼, 아름다움과 추함 등이 한 단락에서 모두 드러나 있다.

언뜻 보면 제임스 본드 시리즈에 특별히 깊은 내용은 없는 것 같다. 하지만 그 시리즈의 놀라운 성공은 이언 플레밍이 신화 기법을 매우 많이 사용했기 때문이 아닐까?

움베르트 에코의 《독자의 역할 The Role of the Reader》에 따르면 플레밍의 소설은 모두 '제한된 범위 내에서 순서를 바꾸고 상호작용을 하는 대립 관계를 기반으로 한다'. 보통 본드-악당, 본드걸-본드 등을 비롯해 한 쌍을 이루는 대립 관계 인물로 구성되어 있다.

이런 대립 관계는 제임스 본드 시리즈에 모두 나타나고 있으며 에코가 지적하듯이 보편적인 것이다. 예를 들어 부유함과 불편함을 살펴보자. 이 두 요소의 명확한 정의는 매우 다르지만 우리는 두 요소의 대립 관계만큼은 완전히 이해할 수 있다.

이야기에 이항 대립을 포함시키고 싶다면 등장인물에 포함시켜라. 그 인물들을 대립 관계를 나타내는 장면에 넣으면 된다. 자연과 문명이 주제인 고전 영화 《아프리카의 여왕 The African Queen》에 등장하는 찰리 올넛은 자연을 상징하고 로즈 세

이어는 문명을 나타낸다.

  자신의 배를 갖고 있는 무례한 떠돌이 올넛이 1차 세계대전 초에 독일령 동아프리카에서 선교 활동을 하고 있는 세이어에게 우편물을 전달한다. 그들이 차를 마시며 앉아 있을 때 면도를 하지 않은 올넛은 바람이 불지 않아 괴로워하고 그의 배는 계속 꾸르륵거린다. 더위에도 불구하고 긴 소매에 목까지 올라오는 옷을 입은 세이어는 찻잔에 차를 따른다. 그녀는 올넛이 쑥스러워하며 사과하려는 노력을 무시한다. 그러고는 마치 영국 중심가에서 4시를 알리기라도 하듯, "올넛 씨, 록 케이크 드세요"라며 미소 짓는다.

  서로 다른 배경의 인물들이 대등한 입장에서 의사소통하는 법을 어떻게 익힐 수 있는 것일까?

5분 글쓰기 연습

다음 목록에서 대립 관계를 선택한 다음, 반대 개념을 나타내기 위해 한두 쌍의 등장인물을 활용하면서 짧은 장면을 계획하거나 글로 써보라.

과거/미래, 내부/외부

지나침/적당함, 아름다움/추함

좋은/나쁜, 도시/시골

수동적/능동적, 젊은 시절/노년기

부유한/가난한, 의존/자립

자아/타인, 장점/약점

55

갑작스러운 깨달음의 시대

위대한 레이먼드 카버는 꽤 두꺼운 메모장 위에 유용한 정보 몇 개를 휘갈겨 써놓고 그것을 책상 옆의 벽에 붙여놓곤 했다. 한 메모지에는 체호프의 단편에서 따온 문장 하나가 포함돼 있었다. 카버는 이렇게 쓰고 있다.

'그리고 갑자기 모든 것이 명백해졌다.' 나는 이 단어들이 경이로움과 가능성으로 가득 채워져 있다는 사실을 발견한다. 그 단어들의 단순한 명확성과 그것이 암시하는 계시를 매우 좋아한다. 거기에는 미스터리도 조금 포함돼 있다. 그 전까지 무엇이 불명확했던 것일까? 왜 그것이 지금에야 명확해진 것일까? 무슨 일이 일어난 것일까? 무엇보다도 이제 어떻게 되었을까? 그런 갑작스러운 깨달음으로 생겨나는 결과들이 있다.

제임스 조이스가 칭한 '갑작스러운 깨달음' 즉 '현현顯現'은 모든 것이 잘 들어맞게 하는 이야기 속의 일부이다. '다음에 무슨 일이 생길까?'와 대조적으로 이야기의 이유 즉 이야기의 존재의 이유를 말한다. 그리고 이것은 일화 속에서 하나의 이야기를 제기하여 독자에게 뭔가가 해결되었다는 느낌을 남기기 위해 사용한다.

'갑작스러운 깨달음'의 가장 유명한 예는 영화 〈카사블랑카〉의 결말에서 사랑하는 여인인 일사를 포기하는 릭의 모습에서 나타날 것이다. "비행기에 오르지 않는다면 당신은 후회할 거요. 오늘이나 내일은 아니더라도 곧, 그리고 평생 후회할 거요"라고 그는 그녀에게 말한다.

릭은 원하는 것을 늘 가질 수 있는 건 아니란 사실을 깨달았다. 모든 행동에는 결과가 있고 때로 더욱 큰 그림, 즉 '아무런 가치가 없는 것'을 바라보는 것이 더 좋을 때가 있다.

일사에게는 그녀를 사랑하고 필요로 하는 전쟁 영웅인 빅터 라즐로라는 남편이 있다. 릭이 일사에게 "우리는 늘 파리에 있을 거요"라고 말하듯 릭과 일사가 공유한 것이 무모한 로맨스는 아닐 것이다. 일사는 비행기에 오른다. 그리고 사랑의 삼각관계는 해결된다.

물론 '갑작스러운 깨달음'은 많은 장면에서 나타난다. 어느 소설에서 그것은 아이가 자신만의 공간이 필요하다는 것, 간섭을 좋아하는 친척이 필사적으로 관심 받으려고 하는 것, 완벽하게 사랑받을 필요가 없다는 것 등에 대한 어머니의 깨달음일 수 있다.

중요한 것은 작가가 '갑작스러운 깨달음'에 이르는 것이 무엇인지를 보여주는 데 있다. 한 학생은 '처음에 그녀는 사고를 그의 탓으로 돌렸지만 이제 그렇게 하지 않았다'라는 말로 끝맺는 하나의 이야기를 소리 내어 읽었다.

이는 '갑작스러운 깨달음'을 어떻게 활용한 것이라고 보아야 할까? 나는 그 학생에게 설명을 요구했지만 그는 어깨만 으쓱거렸다. 그러다가 결국 그는 이렇게 말을 꺼냈다. "아마도 그녀는 사고가 그의 잘못이 아니란 것을 깨달은 거죠. 머리 좋은 독자라면 그것을 이해할 거라 확신해요."

그 학생은 독자에게 이야기를 스스로 쓰라고 요구하는 것처럼 보였다. 이런 연습은 곤란하다. 독자의 지성을 시험하는 이야기를 만들어내서는 안 된다. 오히려 독자의 마음속 창문을 열어주는 이야기를 만들어야 한다. 갑자기 마술을 부리듯 모자에서 뭔가를 꺼내는 생각이 좋다면 '갑작스러운 깨달음'이 아닌 토끼를 내놓아라.

우리는 모두 삶에서 갑작스러운 깨달음의 순간을 경험한다. 어떤 것은 구름 뒤에서 갑자기 나타나는 한 줄기 햇살처럼 순식간에 일어난다. 또 어떤 것은 시간이 걸리고 깨달음으로 향하는 길 곳곳에는 가시와 구덩이들이 깔려 있다.

하지만 갑작스러운 깨달음의 순간이 생기면 그로 인해 사고방식은 영원히 바뀌게 된다. 예를 들어 성性에 대해 알게 되면 어린 시절의 순진함으로 돌아가지 못할 것이다. 이런 관점에서 '갑작스러운 깨달음'을 하나의 자각, 세상을 보는 새로운 방식 또는 자신만의 작은 세상으로 생각하고 싶을 것이다. 때로 그것은 긍정적이고 때로 슬픈 것이다. 그리고 때로 유명한 소설을 준비하는 일이며 또한 새콤달콤한 것이기도 하다.

5분 글쓰기 연습

좋고 나쁘고 새콤달콤한 순간 등 갑작스러운 깨달음의 순간을 목록으로 작성해보라. 크고 작은 것을 모두 포함하라. 예를 들어 산타클로스를 믿었다면 언제, 어떻게 그가 존재하지 않는다는 사실을 알게 되었는가? 목록을 완성했다면 다른 연습시간에 더욱 세부적인 것에 관해 쓸 수 있도록 하나를 선택한다.

56

공간의 의미

해르 코흐는 해리가 사용했던 방으로 안내했다. 약간 어두운 복도에는 여전히 담배 냄새가 나고 있었다. 해리가 늘 피웠던 터키 담배였다. 죽은 지 오랜 시간이 지났으니 커튼의 주름진 부분에 부패한 시체 냄새 같은 것이 배어 있어야 하는데 이상하리만큼 깨끗했다. 무거운 구슬 장식이 달린 커튼 사이로 한 줄기 빛만 들어올 뿐 너무 어두워서 그들은 더듬거리며 문고리를 찾아야 했다.

— 그레이엄 그린, 《제3의 사나이 The Third Man》

등장인물을 묘사할 때 보통 인물이 위치해 있는 배경부터 신경 쓰진 않을 것이다. 하지만 집이나 근무 환경과 같은 공간이 사람의 심리 및 정체성을 풍부하게 설명한다는 사실이 최근 밝혀지고 있다. 2002년 〈성격과 사회 심리학 저널〉지에 실린 한 연구 결과는 개인의 공간에 의식적으로든, 무의식적으로든 자신을 새기는 데 사용하는 네 가지 중요한 메커니즘을 설명한다.

첫째, 자신에 대한 관점을 강화시키기 위한 '자기 주도적 정체성 주장self-directed identity claims'이라는 상징적인 말이 있다. 여기에는 좋아하는 바닷가에서 수집한 자갈이나 가치가 있는 물건 등 개인이 선택한 장식품과 기념품이 포함된다.

둘째, 사람의 태도나 가치를 다른 사람에게 전달하는 데 의도적으로 사용하는 '타인 지향 정체성 주장other-directed identity claims'이 있다. 이는 운동 단체를 지지하거나 특정 영화나 대중스타의 팬이라는 사실을 나타내는 포스터 등 공유된 의미를 흔히 나타낸다.

셋째, 사는 방식에 남기는 물리적인 흔적이라고 하는 '내부 행동 양식 잔여물interior behavioural residue'이 있다. 앞서 제시한 《제3의 사나이》의 발췌문에서 해리의 담배 냄새는 행동 양식의 잔여물이다. 또 다른 예로 텅 빈 주방에 있는 와인 병 더미, 알파벳순으로 배열한 CD들, 건조용 장롱 속에 깨끗하게 다림질된 옷들 등도 행동 양식의 잔여물이다.

넷째, '외부 행동 양식 잔여물exterior behavioural residue'은 사는 공간 밖에서 우리가 하는 일을 말한다. 여기에는 스포츠용품, 휴일에 찍은 사진, 사용한 버스표까지 모두 포함된다.

소설에서 그런 물리적 신호와 단서를 적절히 사용하면 등장인물이 어떤 사람인지 독자에게 뚜렷하게 알려줄 수 있다. 그러면 독자는 그것으로 인물의 성격에 대한 자신만의 이미지를 만들어낼 수 있다. 고정관념을 피하기 위해서는 대조를 사용해보라. 예를 들어 에로 문학 작가의 책상에는 무엇이 있을 것이라고 예상하는가? 앤 서머스유명 성인용품 제조사의 카탈로그일까? 아니면 《카마수트라Kama Sutra》일까?

최근에 《위키드: 전설적인 연인들의 성 이야기Wicked: Sexy Tales of Legendary Lovers》라는 소설을 쓴 미치 셰레토는 자주색 지우개와 감초 토피사탕이나 와인검과일 맛이 나는 사탕 등 사탕 한 뭉치를 늘 곁에 둔다고 말했다.

 **글쓰기 연습**

1. 자신의 집에 대해 곰곰이 생각해보라. 여러분에 대해 무엇을 드러내고 있는가? 네 가지 핵심 메커니즘(자기 주도적 및 타인 지향 정체성 주장, 내부 및 외부 행동 양식 잔여물) 중 적어도 하나의 항목을 포함하면서 목록을 작성하라.

2. 인물의 성격에 관한 단서가 있는 배경을 만들어보라. 네 가지 핵심 메커니즘 항목을 사용해 인물에 활기를 불어 넣으면서 배경을 묘사해보라.

3. 다음 인물 중 하나를 골라 그 인물이 드러나는 삶의 공간을 설계해보라.

자부심이 약한 10대

30대 도시 여성

정착할 계획이 없는 독신 남성

조부모 중 한 명

매우 높은 포부를 갖고 있는 저소득층 인물

몸이 허약한 남성

57

결정, 또 결정

하루에 얼마나 많은 결정을 내리는지 궁금해 한 적이 있는가? 50번일까? 아니면 100번일까? 〈환경과 행동〉지에 수록된 한 연구에 따르면 사람들은 보통 하루에 200번도 넘게 음식에 대한 결정을 내린다고 한다.

무엇을 입어야 할지, 점심 때 드라이 클리닝한 세탁물을 찾아와야 할지 아니면 기다렸다가 가게가 문을 닫을 즈음에 갈지, 세탁기의 부서진 부품에 대해 누구에게 문의할지 등에 관한 결정이 늘어날 때마다 삶은 하나의 긴 딜레마처럼 들리기 시작한다. 그 다음에는 직업을 바꾸어야 할지, 호주로 이사를 가야할지 등과 같은 어려운 결정도 내려야 한다.

그렇게 연습을 많이 하다보면 사람들은 전문 의사결정자가 될 수 있다고 생각한다. 하지만 사실 우리는 마음을 정하는 일을 어려워한다. 예를 들어 최근 글쓰기 수업에서 의사 결정을 쉽게 한다고 주장하는 사람은 단 한 명도 없었다. 그 수업에는 프로젝트 매니저, 재무책임자, 자영업자 등이 포함되어 있었다.

그들이 이상한 것이 아니다. 가장 성공한 이들 가운데 국가 안보나 국제 안보에 영향을 주는 의사 결정에 참여하는 사람도 똑같은 문제를 갖고 있다. 1980년대 미국인들은 세계에서 가장 영향력 있는 남자였던 전직 대통령 레이건이 《백악관 일기White House Diary》를 구상할 때 아내의 점성술사와 상담했던 사실을 알고서 충격을 받았다.

샤넬 모델이었던 엘리자베스 테지에는 미테랑 대통령의 점성술 고문이었다고 알려지면서 프랑스에서 논란이 되기도 했다. 심지어 그녀는 이 사실에 관한 《미테랑의 징표를 내걸고 Sous le Signe de Mitterand(Under the Sign of Mitterand)》라는 책까지 저술했다.

두려운가? 이성적인 결정을 내린다고 생각할 때조차 착각에 빠지고 있을 거라 깨닫는 것이 두려울지도 모른다. 독일 라이프치히의 막스 플랑크 인지과학 연구소의 연구원들에 따르면 결정을 내리는 것은 무의식 중에 작용한다고 한다. 뇌의 신호를 관찰하기 위해 자기공명영상MRI 촬영 장치를 사용한 연구자들은 실험 참가자가 결정을 내린 것을 인식하기 10초 전 그 사람이 결정을 내리는 것을 예측할 수 있음을 알아냈다.

그 연구의 리더인 존 딜런 헤인즈는 이렇게 말했다. "뇌는 마음을 정하기 전에 결정을 유발하기 시작하는 것처럼 보입니다. 자유의지를 배제할 수는 없지만 그건 매우 믿기 어려운 일인 것 같습니다."

우리는 결정을 내릴 때조차 그것이 옳은지 얼마나 잘 알 수 있을까? 선택에는 늘 결과가 수반되고 그중에는 시간이 지나야 명백해지는 것들도 있다. 기업의 교묘한 속임수, 그릇된 군사적 결정, 공학 기술의 재앙 등을 비롯해 역사에 남을 최악의 실수에 관해 읽고 싶다면 스티븐 웨어의 《세계사에 획을 그은 최악의 결정History's Worst Decisions: An Encyclopedia Idiotica》을 살펴보라.

실수를 두려워하는 것이 때로는 우리를 긴장하게 하는 것은 당연한 일이다. 이는 작가들에게 좋은 소식이다. 소설은 등장인물의 결정이 불가피한 상황에 처하게 함으로써 이런 당혹감을 이용한다. 소설 속 인물을 통해 우리는 현실 세계에서 결코 탐험할 수 없는 길, 즉 위험한 길, 탈주로 등 상상 속에서 무엇이든 가능한 길을 간접적으로 경험할 수 있다.

등장인물이 실수를 하면 갈등이 늘어나 긴장감을 고조시킨다. 스토리가 어떻게 전개될지 다음 페이지를 넘기기 전까지 한치 앞도 내다볼 수 없지만 실수하는 인물에 조금 더 공감하는 것이야말로 읽는 즐거움의 일부분일 것이다.

이러한 즐거움은 필립 풀먼의 《황금나침반His Dark Materials》 3부작 중 마지막 작품인 《호박색 망원경The Amber Spyglass》의 다음 발췌문에서 깔끔하게 잘 표현되고 있다. 윌은 2부 《마법의 검The Subtle Knife》의 결말에서 죽어가는 아버지를 찾아냈다. 다음에 무엇을 해야 할지 결정하려고 애쓰며 산 정상에 혼자 있었다. 그는 아즈리엘 경에게 마법의 검을 갖다줄 것을 아버지와 약속했다. 또한 천사들이 그렇게 하도록 그를 설득 중이었다. 하지만 콜터 부인에게 납치된 리라가 실종된다. 윌은 필사적으로 그녀를 찾으려고 애쓴다.

월은 무엇을 해야 할지 곰곰이 생각했다. 많은 길 중에서 하나를 선택하고 나면 나머지 길은 처음부터 없었던 것처럼 촛불처럼 꺼져버린다. 지금 이 순간, 월이 선택할 수 있는 것들은 모두 동시에 존재했다. 하지만 그것들을 존재하는 그대로 두는 건 아무것도 하지 않는 것과 같다. 그는 결국, 선택해야만 한다.

사실 그는 선택해야 한다. 선택은 행동으로 이어지고 이 두 가지는 '영웅' 역할을 하는 등장인물들의 직무이다. 그렇지 않으면 독자는 주인공이 누구인지 헷갈리기 때문에 작품에 집중하지 못한다. 《해리포터와 비밀의 방》에서 덤블도어가 말했듯이 '우리의 진정한 모습을 보여주는 것은 능력이 아니라 선택이다'.

《호박색 망원경》에서 월은 결정을 내리고 이야기는 계속된다. 앞으로 더 힘든 선택이 많을 텐데 이는 월뿐 아니라 등장인물 모두에게 해당된다. 분명 희생을 수반하는 결정은 독자의 마음을 사로잡을 것이다.

그렇다면 이 글을 읽고서 여러분이 지금 바로 내린 결정과 그 결정을 내린 과정에 대한 사고를 탐구하기 위해 다음 글쓰기 연습을 활용해보라.

5분 글쓰기 연습

삶에서 내린 결정에 대해 생각해보라. 가장 좋은 결정이었다고 생각하는 것은 무엇인가? 그 외 최악의 결정, 가장 어려운 결정, 가장 쉬운 결정 등에 관해서도 생각해본다. 이에 관해 5분 동안 글로 써보라.

유용한 아이디어: 일상생활에 널려 퍼져 있는 결정에 주의를 게을리 하지 않기 위해 매일 의사 결정에 관한 일기를 써보라. 결정내리는 것을 의식할 때마다 메모를 해둔다.
예를 들어 '오전 10시30분에 커피를 한 잔 마시기로 결정하고 초콜릿은 먹지 않기로 결정했다'는 내용을 써둘 수 있다. 모든 것을 기록하려고 하지 마라. 불가능한 일이라 해도 스스로 조절할 수 있다.
하지만 결정을 내리려다가 의도적으로 마음을 바꿀 수도

있다. '7시 30분에 조에게 전화를 걸어 영화를 보러 가자고 할까? 아니면 한동안 나타샤를 못 봤으니 그녀에게 전화를 걸어 브런치를 하자고 할까?' 이는 매우 성급해 보이겠지만 무의식은 이미 10초 전에 결정을 내렸다는 사실을 잊지 말길.

5분 작가

초판 1쇄 2013년 11월 5일

| 지은이 | 마그레트 제라티 |
| 옮긴이 | 이경희 |

발행인	김우석
제작총괄	손장환
편집장	문준식
책임편집	조기준
저작권	안수진
교정교열	전경서

| 제작지원 | 김훈일 박자윤 |
| 마케팅 | 김동현 김용호 이진규 이효정 |

펴낸곳	중앙북스
등록	2007년 2월 13일 제2-4561호
주소	(121-904) 서울시 마포구 상암동 1651번지 상암DMCC빌딩 20층
구입문의	1588-0950
내용문의	(02) 2031-1353
팩스	(02) 2031-1398
홈페이지	www.joongangbooks.co.kr
페이스북	www.facebook.com/hellojbooks

ISBN 978-89-278-0493-2 13800
값 13,000원

- 이 책은 저작권법에 따라 보호받는 저작물이므로 무단 전재와 무단 복제를 금하며 이 책 내용의 전부 또는 일부를 이용하시려면 반드시 저작권자와 중앙북스(주)의 서면 동의를 받아야 합니다.
- 잘못된 책은 구입처에서 바꿔드립니다.